PHILADELPHIA

DAS GROSSE

BACKBUCH

KRAFT

PHILADELPHIA

DAS GROSSE BACKBUCH

südwest

Inhalt

Vorwort

Es gibt viele kleine Dinge, die uns ganz einfach und zuverlässig glücklich machen: der erste sonnige Tag nach einer langen Schlechtwetterwoche, jemandem etwas schenken, das diesen richtig freut, selbst unerwartet ein Geschenk bekommen, ein überraschendes Kompliment ... und auf jeden Fall: ein selbst gebackener Kuchen.
Beim Backen macht schon die Zubereitung Appetit: den Teig mit den Händen kneten, Philadelphia, Joghurt und Früchte zu einer feinen Creme schlagen (und schon mal ein Löffelchen probieren), Duft, der die Küche erfüllt, wenn wir die Ofentür nur ein klein wenig öffnen, oder die Freude, wenn wir das erste Stück aus einer wunderbar cremigen und gleichzeitig perfekt standfesten Philadelphia Torte schneiden.
Mit Philadelphia ist es ganz einfach, jeden Tag ein kleines Stück Backglück zu genießen. Am Montag soll es schnell gehen: Cremige Schokocroissants, gefüllt mit »Philadelphia mit Milka«, sind in fünf Minuten gerollt und kommen zehn Minuten später goldbraun und köstlich aus dem Ofen.
Am Dienstag reisen wir kulinarisch um die Welt, mit einem New York Chocolate Cheesecake, einer orientalisch gewürzten »Philadelphia mit Milka« Torte Schoko-Pflaume, Zimtschnecken, wie man sie nicht nur in Schweden liebt, oder einem süßen Rehrücken aus Österreich.

Leckeres Tag für Tag

Mittwoch ist Pizzatag: Aus Hefeteig, frisch geknetet oder fertig aus dem Kühlregal, lässt sich mit cremigem Philadelphia im Handumdrehen etwas Leckeres zaubern: z. B. kleine, feine Calzonetäschchen mit cremig-herzhaftem »Philadelphia mit Schinken«, eine Pizza Salmone, knusprig-dünne Paprika-Salami-Flammkuchen oder sogar eine schokoladige

Variante – die süßen Minipizzen. Am Donnerstag überraschen wir Familie, Freunde oder Kollegen mit Keksen: z. B. mit großen, dicken Macadamia-Nuss-Cookies – dank »Philadelphia mit Milka« im Teig schön soft und mürbe gebacken und dank knackiger Macadamianüsse oder anderer nussiger Zutaten ganz nach Geschmack und trotzdem mit knusprigem Biss. Freitag ist Fischtag – das hat schließlich Tradition. Bringen wir den Meeresbewohner doch mal unter eine cremige Haube – das Rezept Lachsfilet mit Philadelphia-Haube zeigt, wie es geht.

Ein Stück vom Glück

Am Samstag und Sonntag bleibt die Küche kalt. Diesmal backt der Kühlschrank für uns. Wir freuen uns mit Groß und Klein aufs Wochenende und zaubern im Handumdrehen die perfekte Torte für die Kaffeetafel. Die backt der Kühlschrank. Beispielsweise die Philadelphia Torte Blumenbeet, die hat sogar 30 Stücke – perfekt für große Familien oder Freundeskreise.

Alle unsere Rezepte sind mit Liebe zum Detail entwickelt. Die Zubereitungsschritte sind schnell und

Weitere cremige Backrezepte und tolle Genießerideen für jeden Tag finden Sie im Internet unter www.philadelphia.de.

gelingsicher umsetzbar. Komplizierte Küchengeräte kommen nicht zum Einsatz, und alle benötigten Zutaten finden Sie ganz einfach im Supermarkt.

Wie die cremigste Zutat in allen Rezepten – Philadelphia. Zur Familie gehören nicht nur der Klassiker und seine fettreduzierten Verwandten, sondern auch süße Sorten wie »Philadelphia mit Milka« und »Philadelphia Honig«. Ergänzt wird die cremig-frische Vielfalt im Kühlregal durch verschiedenste herzhafte Varianten, darunter natürlich »Philadelphia Kräuter« oder auch »Philadelphia Schinken«. Die folgenden Rezepte sind ein köstlich-cremiger Streifzug durch das Sortiment.

Wir wünschen Ihnen viel Freude beim Blättern durch das Philadelphia-Backbuch. Lassen Sie sich von kühlschrank-frischen cremigen Torten, warmen duftenden Kuchen und süßen & herzhaften gebackenen Kleinigkeiten Appetit machen. Freuen Sie sich aufs Backen – und genießen Sie Tag für Tag ein Stück selbst gemachtes Glück!

Da wird jeder zum leidenschaftlichen Bäcker – mit unkomplizierten Rezepten, die süßen oder pikanten Hochgenuss garantieren!

Kuchen & Co.

für Genießer

PHILADELPHIA® TORTE
DER GEBACKENE KLASSIKER

Zutaten für 16 Stücke
150 g Löffelbiskuits
100 g Butter
525 g PHILADELPHIA® Doppelrahmstufe
125 g Zucker
2 EL Zitronensaft
Mark von 1 Vanilleschote
3 Eier

Zubereitungszeit: 30 Minuten
Backzeit: 50 Minuten
Kühlzeit: 2 Stunden

Zubereitung

1 | Backofen auf 180 °C (Umluft) vorheizen. Löffelbiskuits in einen Gefrierbeutel füllen, Beutel verschließen und den Inhalt mit einem Nudelholz oder den Händen vollständig zerbröseln.

2 | Butter schmelzen, mit den Bröseln vermischen und in eine mit Backpapier ausgelegte Springform drücken.

3 | Philadelphia, Zucker, Zitronensaft und das Mark der Vanilleschote mit dem elektrischen Handrührgerät vermengen. Nach und nach die Eier einrühren.

4 | Creme in die Springform füllen. Die Torte für ca. 50 Minuten im Ofen backen. Anschließend gut auskühlen lassen.

Pro Stück: ca. 913 kJ/218 kcal, E 4 g, F 15 g, KH 17 g

TIPP

Für eine fruchtige Variante der gebackenen Torte 2 Orangen filetieren und die Filets unter die Creme rühren.

BANANA LEMON CUPCAKES

Zutaten für 12 Stück

100 g Rohrzucker
100 g Butter
2 Eier
300 g Mehl
2 TL Backpulver
3 Bananen (zerdrückt)
100 g Cornflakes
60 ml Milch
175 g PHILADELPHIA® Balance
1 TL Honig
1 EL Puderzucker
1 Zitrone (unbehandelt)

Zubereitungszeit: 20 Minuten
Backzeit: 25 Minuten

Zubereitung

1 | Backofen auf 190 °C (Umluft) vorheizen. Muffinform (für 12 Muffins) mit Papierförmchen auslegen.

2 | Zucker und Butter mit dem Handrührgerät schaumig rühren. Nach und nach die Eier zufügen. Mehl und Backpulver mischen und zugeben, auf höchster Stufe weiterrühren. Zum Schluss Bananen, Cornflakes und Milch unterrühren.

3 | Teig löffelweise in die Förmchen geben und im Ofen ca. 25 Minuten goldbraun backen. Die fertigen Cupcakes abkühlen lassen.

4 | In der Zwischenzeit für das Topping Philadelphia, Honig, Puderzucker und die abgeriebene Schale der Zitrone verrühren. Vor dem Servieren jedem Cupcake eine Philadelphia-Haube aufsetzen. Nach Belieben mit abgeriebener Zitronenschale dekorieren.

Pro Stück: ca. 1202 kJ/287 kcal, E 6 g, F 10 g, KH 42 g

TIPP

Die Cupcakes am gleichen Tag essen oder über Nacht in einem luftdichten Behälter aufbewahren.

GEBACKENE SCHOKO-ORANGEN-TORTE

Zutaten für 16 Stücke
150 g Vollkornkekse
200 g Butter (zimmerwarm)
3 Eier
1 Prise Salz
2 Orangen (unbehandelt)
700 g PHILADELPHIA® mit MILKA®
50 g Mehl

Zubereitungszeit: 25 Minuten
Backzeit: 1 Stunde
Kühlzeit: 1 Stunde

Zubereitung

1 | Backofen auf 160 °C (Umluft) vorheizen. Kekse in einen Gefrierbeutel füllen, Beutel verschließen und den Inhalt mit einem Nudelholz oder den Händen vollständig zerbröseln. 80 Gramm Butter schmelzen, mit den Bröseln vermischen und in eine mit Backpapier ausgelegte Springform drücken.

2 | Eier trennen; Eiweiß mit Salz steif schlagen und beiseitestellen. Mit der Küchenreibe von 1 Orange die Schale abreiben. Orangenschale, Eigelbe und übrige Butter mit dem elektrischen Handrührgerät cremig aufschlagen.

3 | »Philadelphia mit Milka« und Mehl unterrühren, anschließend den Eischnee unterheben. Creme in die Springform geben und die Torte im Ofen 1 Stunde backen. Anschließend im abgeschalteten Ofen 1 weitere Stunde komplett auskühlen lassen, dafür die Ofentür einen Spalt öffnen.

4 | Vor dem Servieren von der zweiten Orange mit einem Zestenreißer etwas Orangenschale abziehen. Beide Orangen dick schälen und in Scheiben schneiden. Zesten und Orangenscheiben mit der gebackenen Torte anrichten.

Pro Stück: ca. 1240 kJ/296 kcal, E 5 g, F 18 g, KH 29 g

TIPP
Wenn Sie keinen Zestenreißer zur Hand haben, können Sie die Schale der Orange auch mit einem Sparschäler abschälen und dann mit einem Messer in feine Streifen schneiden.

BANANA-CUPCAKES MIT SCHOKOHAUBE

Zutaten für 12 Stück

200 g Mehl
2 TL Backpulver
175 g PHILADELPHIA® Balance
140 g Zucker
1 Pck. Vanillezucker
1 Prise Salz
100 g Butter (sehr weich)
2 Eier
5 EL Milch
1 Banane
175 g PHILADELPHIA® mit MILKA®

Zubereitungszeit: 15 Minuten
Backzeit: 35 Minuten

Zubereitung

1 | Backofen auf 160 °C (Umluft) vorheizen. Mehl sorgfältig mit dem Backpulver mischen. Philadelphia Balance, Zucker, Vanillezucker, Salz, 50 Gramm Butter, Eier und Milch zugeben und mit dem elektrischen Handrührgerät zu einem glatten Teig verrühren.

2 | Banane in Stücke schneiden und unter den Teig mischen. Teig in 12 gefettete Muffinmulden füllen und 30 bis 40 Minuten im Ofen backen, anschließend abkühlen lassen.

3 | In der Zwischenzeit »Philadelphia mit Milka« und übrige weiche Butter mit dem elektrischen Handrührgerät zu einer glatten Creme verrühren und bis zur Verwendung kalt stellen. Masse mit dem Messer auf die Muffins streichen und nach Belieben mit Zuckerperlen bestreuen.

Pro Stück: ca. 1089 kJ/260 kcal, E 5 g, F 12 g, KH 33 g

TIPP

Je länger Sie die Creme aus »Philadelphia mit Milka« und Butter kalt stellen, desto fester wird sie. Die neuen, streichfähigen Butterprodukte sind weniger geeignet – das in ihnen enthaltene Öl verhindert die nötige Festigkeit.
Anstelle der Banane können Sie auch Sauerkirschen, Blaubeeren oder geriebenen Apfel in den Teig geben. Dekorieren Sie die Cupcakes mit gehackten Nüssen, Zuckerstreuseln oder Zuckerblüten – sieht toll aus!

WEISSER SCHOKOKUCHEN

Zutaten für 14 Stücke
175 g Butter
330 g brauner Zucker
3 Eier
1 TL Vanillearoma
200 g Mehl
1 TL Backpulver
100 g MILKA® Schokolade weiß (geraspelt)
120 g PHILADELPHIA® Balance

Zubereitungszeit: 20 Minuten
Backzeit: 35 Minuten

Zubereitung

1 | Backofen auf 180 °C (Umluft) vorheizen. Weiche Butter und 300 Gramm braunen Zucker mit dem elektrischen Handrührgerät aufschlagen. Zuerst Eier und Vanillearoma zufügen, anschließend Mehl und Backpulver untermischen.

2 | Schokoraspel einrühren. Mischung in eine gefettete, mit Backpapier ausgelegte Form (ca. 20 mal 30 Zentimeter) geben.

3 | Philadelphia und übrigen Zucker glatt rühren. Philadelphia-Mischung über den Schokoteig geben und beide Schichten mit einem Gabelstiel leicht marmorieren. 30 bis 35 Minuten im Ofen backen, anschließend gut abkühlen lassen.

Pro Stück: ca. 1281 kJ/306 kcal, E 4 g, F 15 g, KH 38 g

TIPP

Dieser Schokokuchen bleibt schön saftig, wenn Sie ihn in einem gut verschließbaren Behälter im Kühlschrank aufbewahren.

SUPERSAFTIGER APFELKUCHEN

Zutaten für 16 Stücke

3 Äpfel (ca. 600 g)
2 Eier
150 g Puderzucker
125 g Butter
175 g PHILADELPHIA®
Doppelrahmstufe
75 ml Apfelsaft
150 g Mehl
2 TL Backpulver

Zubereitungszeit: 20 Minuten
Backzeit: 50 Minuten

Zubereitung

1 | Äpfel schälen, achteln und in Stücke schneiden. Backofen auf 160 °C (Umluft) vorheizen.

2 | Eier und Puderzucker mit dem elektrischen Handrührgerät cremig schlagen. Butter schmelzen, geschmolzene Butter, Philadelphia und Apfelsaft sorgfältig unterschlagen. Mehl und Backpulver gut vermischen und unter die Masse rühren.

3 | Teig in eine mit Backpapier ausgelegte Springform füllen. Apfelstücke darauf verteilen. Apfelkuchen im vorgeheizten Ofen ca. 50 Minuten backen, abkühlen lassen und genießen.

Pro Stück: ca. 774 kJ/185 kcal, E 3 g, F 10 g, KH 21 g

TIPP Mit einem Holzstäbchen können Sie testen, ob der Kuchen schon durchgegart ist. Einfach vorsichtig in die Mitte stechen. Wenn kein Teig mehr an dem Stäbchen klebt, ist der Kuchen fertig gebacken.

NEW YORK CHOCOLATE-CHEESECAKE

Zutaten für 16 Stücke
150 g Vollkornkekse
125 g Butter
700 g PHILADELPHIA® mit MILKA®
50 g Zucker
2 EL Mehl
1 Prise Salz
3 Eier
175 g PHILADELPHIA® Balance
4 EL Milch

Zubereitungszeit: 30 Minuten
Backzeit: 35 Minuten
Ruhezeit: 1 Stunde
Kühlzeit: 5 Stunden

Zubereitung

1 | Backofen auf 200 °C (Umluft) vorheizen. Kekse in einen Gefrierbeutel füllen. Beutel verschließen und den Inhalt mit einem Nudelholz oder den Händen vollständig zerbröseln. Butter schmelzen, mit den Bröseln vermischen und in eine mit Backpapier ausgelegte Springform drücken.

2 | »Philadelphia mit Milka«, Zucker, Mehl und Salz mit dem elektrischen Handrührgerät auf niedrigster Stufe vermengen. Nacheinander die Eier kurz unterrühren.

3 | Rand der Springform mit etwas Butter fetten. Philadelphia-Creme in die Springform füllen und die Oberfläche glatt streichen. Kuchen 10 Minuten im Ofen backen, anschließend die Temperatur auf 90 °C reduzieren und den Kuchen für weitere 25 Minuten backen. Backofen ausschalten und Cheesecake bei leicht geöffneter Ofentür 1 Stunde im Ofen abkühlen lassen.

4 | Philadelphia Balance mit Milch glatt rühren und auf dem abgekühlten Kuchen verteilen. Cheesecake für 5 Stunden oder über Nacht kühl stellen.

Pro Stück: ca. 1177 kJ/281 kcal, E 7 g, F 17 g, KH 25 g

TIPP Wird der Cheesecake mit Ober- und Unterhitze gebacken, erhöht sich die Backtemperatur um jeweils 20 °C. Beim Gasherd entsprechen 200 °C (Umluft) der Stufe 4 und 90 °C (Umluft) der Stufe 1/2.

GEBACKENER OREO®-KÄSEKUCHEN

Zutaten für 12 Stücke

22 OREO® Kekse
40 g Butter
400 g PHILADELPHIA® Doppelrahmstufe
100 g Zucker
1 TL Vanillearoma
3 Eier
30 g Mehl
100 g Sauerrahm

Zubereitungszeit: 25 Minuten
Backzeit: 55 Minuten
Kühlzeit: 4 Stunden

Zubereitung

1 | Backofen auf 170 °C vorheizen. 18 Kekse in der Küchenmaschine zerkleinern oder in einen Gefrierbeutel füllen. Beutel verschließen und den Inhalt mit einem Nudelholz vollständig zerbröseln. Butter schmelzen, mit den Bröseln vermischen und in eine mit Backpapier ausgelegte kleine Springform (Durchmesser 20 Zentimeter) drücken. Dabei auch einen ca. 4 Zentimeter hohen Rand bilden.

2 | Philadelphia, Zucker und Vanillearoma mit dem elektrischen Handrührgerät vermengen. Nacheinander die Eier hinzufügen und einrühren. Mehl und Sauerrahm dazugeben und unterrühren.

3 | Übrige Oreo Kekse grob zerbröckeln, mit der Philadelphia-Creme mischen und in die Springform füllen. Die Torte für ca. 55 Minuten im Ofen backen. Auf einem Gitter auskühlen lassen und danach mindestens 4 Stunden im Kühlschrank ruhen lassen.

Pro Stück: ca. 1249 kJ/298 kcal, E 5 g, F 18 g, KH 29 g

MINITÖRTCHEN AUS DER PLÄTZCHENFORM

Zutaten für 16 Stück

4 Eier
2 Prisen Salz
100 g Zucker
100 g Mehl
525 g PHILADELPHIA® mit MILKA®
300 g Joghurt
1 Pck. gemahlene Gelatine

Zubereitungszeit: 30 Minuten
Backzeit: 10 Minuten
Kühlzeit: 3 Stunden

Zubereitung

1 | Backofen auf 180 °C (Umluft) vorheizen. Eier trennen, das Eiweiß mit 1 Prise Salz steif schlagen, Zucker dabei einrieseln lassen. Unter die steife Eiweißmasse Eigelbe unterschlagen, anschließend Mehl mit einem Schneebesen unterheben.

2 | Teig auf einem mit Backpapier ausgelegten Blech verstreichen und im Ofen 8 bis 12 Minuten goldbraun backen, anschließend auskühlen lassen.

3 | Am Rand des Biskuits entlangschneiden, um ihn vom Backblechrand zu lösen. Biskuit kopfüber auf eine Arbeitsplatte legen, das Backpapier vorsichtig abziehen. Biskuit auf eine passende Platte oder das Backblech legen und Plätzchenformen dicht an dicht auf dem Biskuit platzieren, dabei ganz leicht eindrücken.

4 | »Philadelphia mit Milka«, Joghurt und 1 Prise Salz mit dem elektrischen Handrührgerät vermengen. Gelatine in 150 Milliliter kaltem Wasser 10 Minuten einweichen. Unter Rühren erwärmen, bis sich die Gelatine gelöst hat; zügig unter die Philadelphia-Creme rühren. Creme in die Plätzchenformen füllen und 3 Stunden kühlen.

5 | Plätzchenformen komplett durch den Biskuit drücken und die Törtchen so vom Boden lösen. Törtchen durch Drücken gegen den Boden vorsichtig von unten durch die Formen schieben. Nach Belieben mit Früchten oder gehackten Nüssen dekorieren und servieren.

Pro Stück: ca. 716 kJ/171 kcal, E 5 g, F 6 g, KH 23 g

PEANUT BUTTER BROWNIES

Zutaten für 24 Stück

350 g PHILADELPHIA® mit MILKA®
150 g Erdnussbutter (cremig)
5 Eier
175 g Margarine
250 g Zucker
175 g Mehl
60 g Backkakao
1 TL Backpulver

Zubereitungszeit: 25 Minuten
Backzeit: 20 Minuten

Zubereitung

1 | Backofen auf 180 °C (Umluft) vorheizen. »Philadelphia mit Milka«, Erdnussbutter und 2 Eier cremig verrühren.

2 | Margarine, Zucker, Mehl, übrige Eier, Kakao und Backpulver mit dem elektrischen Handrührgerät zu einem glatten Teig vermengen.

3 | Den dunklen Teig auf ein gefettetes Backblech verteilen. Philadelphia-Erdnuss-Creme darauf geben und anschließend mit einer Gabel die Teigschichten leicht marmorieren. Brownies im Ofen 20 bis 25 Minuten backen, dann abkühlen lassen und in Stücke schneiden.

Pro Stück: ca. 930 kJ/222 kcal, E 5 g, F 13 g, KH 22 g

TIPP

Sie können die Teigmassen auch abwechselnd in eine gefettete Kastenform füllen und leicht marmorieren: So erhalten Sie einen wunderbar saftigen, marmorierten Schokoladenkuchen. Dafür die Backzeit je nach Größe der Backform entsprechend erhöhen.

REHRÜCKEN

Ein tolles Rezept von der österreichischen Sterneköchin Lisl Wagner-Bacher

Zutaten für 18 Stücke

75 g Löffelbiskuits
150 g gemahlene Haselnüsse
6 Eier
250 g PHILADELPHIA® mit MILKA®
1 Prise Salz
100 g Zucker
100 g MILKA® Schokolade zartherb
50 g Butter
30 g Mandeln (in Stiften)
etwas Butter und Mehl für die Form

Zubereitungszeit: 30 Minuten
Backzeit: 40 Minuten

Zubereitung

1 | Backofen auf 150 °C (Umluft) vorheizen. Löffelbiskuits in einen Gefrierbeutel geben, Beutel verschließen und den Inhalt mit dem Nudelholz oder den Händen fein zerbröseln, anschließend mit den Haselnüssen mischen.

2 | Eier trennen, Eigelbe und »Philadelphia mit Milka« mit dem elektrischen Handrührgerät schaumig rühren. Eiweiß mit Salz zu festem Schnee schlagen, Zucker dabei nach und nach einrieseln lassen. Abwechselnd mit der Brösel-Nuss-Mischung unter die Philadelphia-Masse heben. Masse bis unter den Rand in eine gefettete, bemehlte Rehrückenform (ca. 30 Zentimeter lang) füllen und ca. 40 Minuten backen. Bei der Stäbchenprobe (mit einem Holzspieß in die Mitte des Kuchens stechen) darf kein flüssiger Teig mehr am Stäbchen haften. Nach dem Backen gut auskühlen lassen.

3 | Für die Glasur Schokolade bei kleiner Hitze im Topf schmelzen, Butter einrühren. Rehrücken mit noch lauwarmer Schokoglasur überziehen und mit den Mandelstiften spicken.

Pro Stück: ca. 912 kJ/218 kcal, E 5 g, F 14 g, KH 18 g

TIPP Wer keine Rehrückenform hat, backt mit der gleichen Teigmenge einfach einen köstlichen Schokoladenkuchen in einer Springform mit einem Durchmesser von ca. 26 Zentimetern.

RASPBERRY WHITE CHOCOLATE CHEESECAKE

Zutaten für 16 Stücke

200 g Kekse (z.B. Löffelbiskuits)
80 g Butter
4 Tropfen Bittermandelaroma
30 g gemahlene Mandeln
125 g MILKA® Schokolade weiß
1 Vanilleschote
875 g PHILADELPHIA® Balance
80 g Zucker
4 Eier
3 TL Mehl (gehäuft)
150 g Himbeerkonfitüre
(ohne Kerne)

Zubereitungszeit: 30 Minuten
Backzeit: 45 Minuten
Kühlzeit: 3 Stunden

Zubereitung

1 | Kekse in einen Gefrierbeutel füllen, verschließen und mit dem Nudelholz oder den Händen vollständig zerbröseln. Butter schmelzen, mit 1 Tropfen Bittermandelaroma, gemahlenen Mandeln und Keksbröseln mischen und in eine mit Backpapier ausgelegte Springform (ca. 26 Zentimeter Durchmesser) drücken.

2 | Backofen auf 175 °C (Umluft) vorheizen. Schokolade in der Mikrowelle bei geringer Leistung oder im Topf bei schwacher Hitze schmelzen. Etwas abkühlen lassen.

3 | Inzwischen Vanilleschote auskratzen. Philadelphia mit Vanillemark, Zucker, Eiern und 3 Tropfen Bittermandelaroma mit dem elektrischen Handrührgerät cremig aufschlagen. Mehl unterschlagen. Schokolade zugeben und ebenfalls unterschlagen.

4 | Die Hälfte der Philadelphia-Creme in die Springform geben. Die Hälfte der Himbeerkonfitüre darauf verteilen. Restliche Philadelphia-Masse darübergeben, verbliebene Himbeerkonfitüre darauf geben und verstreichen. Im Ofen ca. 45 Minuten backen, bis die Oberseite ganz leicht gebräunt ist. Mindestens 3 Stunden kühlen.

Pro Stück: ca. 1251 kJ/299 kcal, E 9 g, F 16 g, KH 30 g

CREAM CHEESE BROWNIES

Zutaten für 18 Stücke
150 g Butter
150 g MILKA® Schokolade zartherb
2 Eier
180 g Zucker
1 Prise Salz
1 Vanilleschote
(oder 1 Pck. Vanillezucker)
140 g Mehl
175 g PHILADELPHIA®
Doppelrahmstufe
1 EL Zitronensaft
1 EL Milch

Zubereitungszeit: 20 Minuten
Backzeit: 25 Minuten

Zubereitung

1 | Backofen auf 175 °C (Umluft) vorheizen. Eine Backform (ca. 23 Zentimeter Länge im Quadrat) einfetten oder mit Backpapier auslegen. Alternativ einen Backrahmen in dieser Größe auf ein mit Backpapier belegtes Backblech stellen oder eine Auflaufform einfetten.

2 | Butter und Schokolade in einem Topf bei geringer Hitze schmelzen; etwas abkühlen lassen. Inzwischen Eier, Zucker, Salz und das Mark der Vanilleschote mit dem elektrischen Handrührgerät cremig aufschlagen. Schokoladen-Butter-Mischung zugeben und unterschlagen. Mehl unterrühren.

3 | Die Hälfte des Teigs in die Form geben und glatt streichen. Philadelphia mit Zitronensaft und Milch glatt rühren und auf dem Teig verteilen. Restliche Teigmenge vorsichtig darübergeben und glatt streichen; der gesamte Philadelphia sollte bedeckt sein. Im Ofen ca. 25 Minuten backen, abkühlen lassen und genießen.

Pro Stück: ca. 866 kJ/207 kcal, E 3 g, F 13 g, KH 20 g

TIPP
Je kühler die Brownies sind, desto besser lassen sie sich aus der Form nehmen und schneiden.

ROTE-GRÜTZE-SCHNITTEN

Zutaten für 15 Stücke

1 Biskuitboden (in Backblechgröße oder 1 Wiener Boden)
1 Zitrone
350 g PHILADELPHIA® Doppelrahmstufe
5 EL Gelierzucker (gehäuft)
300 g Sahne
5 Blatt Gelatine
375 g rote Grütze

Zubereitungszeit: 25 Minuten
Kühlzeit: 3 Stunden

Zubereitung

1 | Biskuitboden auf eine geeignete Platte oder ein Backblech auslegen. Alternativ den runden Wiener Boden zu größtmöglichen Vierecken zuschneiden, ein Viereck halbieren, alle zu einer Fläche auslegen.

2 | Zitrone halbieren, Saft einer Hälfte auspressen. Philadelphia, Zitronensaft und Gelierzucker mit dem elektrischen Handrührgerät cremig aufschlagen. Sahne steif schlagen und unter die Philadelphia-Creme heben. Masse auf den Biskuitboden streichen und bis zur weiteren Verwendung kalt stellen.

3 | Gelatine in kaltem Wasser 5 Minuten einweichen. Rote Grütze mit dem Pürierstab fein pürieren. Gelatine gut ausdrücken und mit 5 Esslöffeln Fruchtpüree unter Rühren erwärmen, bis sich die Gelatine gelöst hat. Restliches Fruchtpüree unterrühren. Masse auf die Philadelphia-Schicht streichen und 3 Stunden kühlen. In Stücke schneiden und genießen.

Pro Stück: ca. 1025 kJ/245 kcal, E 3 g, F 12 g, KH 31 g

TIPP

Ein Wiener Boden ist ein runder Tortenboden, der bereits in drei Lagen vorgeschnitten wurde. Zu Vierecken zugeschnitten, lässt sich mit einem Wiener Boden ein ganzes rechteckiges Backblech füllen. Mit einem Backrahmen um den Biskuitboden können Sie die Masse exakt bis zum Rand streichen.

Süße Snacks und Kleinig-keiten

SÜSSE FRUCHTBLÜTEN

Zutaten für 12 Stück

etwas Butter oder Margarine
6 Blatt Yufka- oder Filoteig (gekühltes Fertigprodukt)
1 Marzipandecke
200 g Früchte (z.B. Himbeeren, Heidelbeeren oder Erdbeeren)
250 g PHILADELPHIA® mit MILKA®
2 EL Joghurt

Zubereitungszeit: 20 Minuten
Backzeit: 10 Minuten

Zubereitung

1 | Backofen auf 180 °C (Umluft) vorheizen. Eine Muffinform mit etwas Butter oder Margarine einfetten. Jedes Yufkateigblatt in 4 Quadrate schneiden. Jeweils 2 Quadrate aufeinanderlegen und wie eine Blüte in eine Muffinmulde legen.

2 | Aus der Marzipandecke mit einem kleinen Glas 12 Kreise ausstechen. Als Boden in die Yufkablüten in der Muffinform legen. Die Blüten im Ofen etwa 5 Minuten backen.

3 | Geputzte Früchte in die ausgebackenen Teigblüten verteilen. »Philadelphia mit Milka« mit Joghurt verrühren und jeweils einen dicken Klecks der Creme auf die Früchte geben.

Pro Stück: ca. 909 kJ/217 kcal, E 4 g, F 7 g, KH 33 g

TIPP

Die Yufkablüten haben mehr Platz in der Muffinform, wenn Sie nur jede zweite Mulde nutzen. Da sie in nur fünf Minuten ausgebacken sind, ist auch ein zweites Blech schnell fertig.
Anstelle der Schokoladencreme schmeckt auch eine frische Creme aus klassischem Philadelphia, verrührt mit Joghurt und etwas Zitronensaft und leicht gesüßt mit etwas Honig oder Puderzucker köstlich.

ZIMTSCHNECKEN

Zutaten für 12 Stück

100 g brauner Zucker
2 TL Zimtpulver
1 Pck. Plunderteig (gekühltes Fertigprodukt)
75 g Butter (weich)
175 g PHILADELPHIA® Balance
100 g Puderzucker
1 Pck. Vanillezucker
1 Prise Salz
1 Spritzer Zitronensaft

Zubereitungszeit: 20 Minuten
Backzeit: 15 Minuten

Zubereitung

1 | Backofen auf 160 °C (Umluft) vorheizen. Zucker und Zimt mischen. Plunderteig ausrollen, mit 50 Gramm Butter bestreichen und mit Zimt-Zucker-Mischung bestreuen. Teig einrollen und in 12 Stücke schneiden. Auf ein mit Backpapier belegtes Blech legen, mit Wasser bestreichen und 15 bis 20 Minuten goldgelb backen.

2 | Inzwischen Philadelphia mit 25 Gramm Butter, Puderzucker, Vanillezucker, Salz und Zitronensaft cremig rühren. Die noch warmen Zimtschnecken mit der Philadelphia-Creme bestreichen und genießen.

Pro Stück: ca. 1079 kJ/258 kcal, E 3 g, F 13 g, KH 31 g

TIPP

Für die besondere aromatische Note können Sie auch Zimtpulver mit gemahlenem Kardamom mischen.

BEERENGRATIN

Ein tolles Philadelphia-Rezept von Österreichs Spitzenköchin Lisl Wagner-Bacher

Zutaten für 4 Portionen

2 Eier
175 g PHILADELPHIA® Balance
2 EL Puderzucker (gehäuft)
400 g Beeren (z.B. Himbeeren, Brombeeren, Heidelbeeren, Erdbeeren)

Zubereitungszeit: 10 Minuten
Backzeit: 5 Minuten

Zubereitung

1 | Backofen auf 175 °C (Oberhitze) vorheizen. Eier trennen, Philadelphia mit den Eigelben cremig aufschlagen.

2 | Eiweiß zu einem festen Schnee schlagen, Puderzucker dabei einrieseln lassen, anschließend unter die Philadelphia-Masse heben.

3 | Beeren in einen feuerfesten Teller oder eine Auflaufform setzen, Gratinmasse darübergeben. Im oberen Ofendrittel ca. 5 Minuten backen, bis die Masse zu bräunen beginnt.

Pro Portion: ca. 870 kJ/208 kcal, E 8 g, F 9 g, KH 24 g

TIPP

In einem Umluftherd backen Sie das Beerengratin im oberen Ofendrittel zunächst fünf Minuten bei vorgeheizten 150 °C und anschließend ca. eine Minute bei hochgeschalteter Grill- bzw. Maximaltemperatur.

ZWEIERLEI KROKANTPLÄTZCHEN

Zutaten für 50 Stück
300 g Mehl
1 gestrichener TL Backpulver
100 g Zucker
1 Pck. Vanillezucker
100 g weiche Butter
175 g PHILADELPHIA®
Doppelrahmstufe
50 g Krokant
1 Pck. Dr. Oetker Finesse Orangenfrucht

Zubereitungszeit: 10 Minuten
Backzeit: 12 Minuten

Zubereitung

1 | Backofen auf 200 °C (Umluft) vorheizen. Für den Teig Mehl und Backpulver mischen und in eine Rührschüssel sieben. Anschließend Zucker, Vanillezucker, weiche Butter und 125 Gramm Philadelphia zufügen und mit dem elektrischen Handrührgerät (Knethaken) verkneten.

2 | Für die Füllung übrigen Philadelphia, Krokant und Finesse Orangenfrucht verrühren. Die Hälfte des Teiges zu einem Quadrat ausrollen, die Hälfte der Füllung darauf verstreichen, aufrollen und in ca. 1 Zentimeter dicke Scheiben schneiden.

3 | Die andere Teighälfte ca. 1/2 Zentimeter dick ausrollen, Sterne ausstechen und jeweils 1 Klecks Füllung auf die Sterne geben. Plätzchen auf ein mit Backpapier ausgelegtes Backblech legen und ca. 12 Minuten im Ofen backen. Nach Belieben mit Puderzucker bestäuben.

Pro Stück: ca. 243 kJ/58 kcal, E 1 g, F 3 g, KH 8 g

TIPP

Mit dem frischen Orangenaroma schmecken diese Plätzchen das ganze Jahr. Im Sommer backen wir anstelle der Sterne Herzen und zu Ostern kleine Ostereier.

HEISSWECKEN

Zutaten für 12 Stück

500 g Mehl
1 Pck. Trockenhefe
100 g Zucker
1 Prise Salz
200 ml Milch
100 g Butter
4 TL Zitronensaft
1 Ei
350 g PHILADELPHIA® Joghurt Balance
100 g Rosinen

Zubereitungszeit: 15 Minuten
Ruhezeit: 1 Stunde
Backzeit: 15 Minuten

Zubereitung

1 | Mehl, Hefe, die Hälfte des Zuckers und Salz mischen. Milch mit der Butter erwärmen, mit 1 Teelöffel Zitronensaft, dem Ei und 2 Esslöffeln Philadelphia zur Mehlmischung geben. Mit dem elektrischen Handrührgerät (Knethaken) zu einem glatten Teig verarbeiten, anschließend an einem warmen Ort zugedeckt 45 Minuten gehen lassen.

2 | Teig durchkneten, dabei die Rosinen einarbeiten. In 12 Stücke teilen und zu Brötchen formen. Anschließend auf ein mit Backpapier ausgelegtes Backblech legen und weitere 15 Minuten gehen lassen.

3 | Backofen auf 200 °C (Umluft) vorheizen. Brötchen mit etwas Milch bestreichen und ca. 15 Minuten goldbraun backen. Währenddessen übrigen Philadelphia mit restlichem Zucker und Zitronensaft verrühren. Die Creme zu den warmen Heißwecken genießen.

Pro Stück: ca. 1374 kJ/328 kcal, E 8 g, F 12 g, KH 46 g

TIPP

Eine besonders aromatische Note erhalten die Heißwecken, wenn Sie in den Teig eine Prise Zimt geben.
Sieht toll aus: Wer einen Spitzbeutel zur Hand hat, kann die Heißwecken auch wie einen Windbeutel mit der Philadelphia-Creme füllen.
Wussten Sie eigentlich: Heißwecken, in Bremen auch »Hedwigs« genannt, sind vor allem in Norddeutschland bekannt. Früher legte man die süßen Milchbrötchen in tiefe Teller oder Schalen, begoss sie mit warmer Milch und aß sie mit dem Löffel. Heute finden wir sie wie Brötchen auf dem Frühstückstisch. Bestrichen mit cremigem Philadelphia – einfach lecker!

SÜSSE MINIPIZZEN

Zutaten für 12 Stück

400 g Mehl
1 Pck. Trockenhefe
1 TL Salz
3 EL Olivenöl
175 g PHILADELPHIA® mit MILKA®
400 g Obst (z.B. 1 Apfel, 1 Banane, 150 g Weintrauben)

Zubereitungszeit: 25 Minuten
Ruhezeit: 30 Minuten
Backzeit: 10 Minuten

Zubereitung

1 | Mehl und Hefe sorgfältig mischen. Mit Salz, Olivenöl und 250 Millilitern lauwarmem Wasser zu einem glatten Teig verarbeiten; anschließend zugedeckt an einem warmen Ort 30 Minuten gehen lassen.

2 | Ofen auf 200 °C (Umluft) vorheizen. Teig durchkneten und auf einer bemehlten Arbeitsfläche dünn ausrollen. Mit einem Glas 12 Teigkreise ausstechen. Auf ein mit Backpapier belegtes Backblech legen und mit einer Gabel jeweils 6- bis 7-mal einstechen. Im Ofen 10 bis 15 Minuten backen, bis die Pizzen leicht gebräunt sind.

3 | Fertig gebackene Minipizzen mit »Philadelphia mit Milka« bestreichen. Mit geputzten Früchten belegen und nach Belieben mit Kokosspänen oder geraspelter weißer Schokolade bestreuen.

Pro Stück: ca. 850 kJ/203 kcal, E 5 g, F 5 g, KH 34 g

TIPP

Wenn es mal schnell gehen soll, können Sie auch einen fertigen Pizzateig aus dem Kühlregal verwenden und diesen nach Packungsanweisung zubereiten.

MACADAMIA-COOKIES

Zutaten für 22 Stück
175 g Mehl
1 1/2 TL Backpulver
90 g Margarine
60 g Zucker
1 Prise Salz
175 g PHILADELPHIA® mit MILKA®
50 g Macadamias (leicht gesalzen)

Zubereitungszeit: 20 Minuten
Backzeit: 10 Minuten

Zubereitung

1 | Mehl und Backpulver gut mischen. Margarine, Zucker und Salz mit dem elektrischen Handrührgerät schaumig rühren. »Philadelphia mit Milka« und Mehl nacheinander unter die Masse rühren.

2 | Backofen auf 175 °C (Umluft) vorheizen. Nüsse grob hacken und unter den Teig heben. Mithilfe eines Löffels große Kekse auf ein mit Backpapier belegtes Backblech setzen und die Kekse ca. 10 Minuten im Ofen backen.

Pro Stück: ca. 436 kJ/104 kcal, E 1 g, F 6 g, KH 11 g

CREMIGE SCHOKOCROISSANTS

Zutaten für 6 Stück
1 Pck. Croissantteig (gekühltes Fertigprodukt)
100 g PHILADELPHIA® mit MILKA®
50 g Cranberrys (getrocknet)

Zubereitungszeit: 5 Minuten
Backzeit: 15 Minuten

Zubereitung

1 | Backofen auf 200 °C (Ober- und Unterhitze) vorheizen. Teig entrollen und in Dreiecke trennen.

2 | Im unteren breiten Teil mittig je 1 gehäuften Teelöffel »Philadelphia mit Milka« auf die Teigdreiecke geben. Einige Cranberrys auf dem kompletten Dreieck verteilen. Dreiecke zur Spitze hin aufrollen. Im Ofen auf einem Backblech mit Backpapier 10 bis 15 Minuten goldbraun backen.

Pro Stück: ca. 871 kJ/208 kcal, E 5 g, F 10 g, KH 24 g

PHILADELPHIA® TORTEN

Heute backt der Kühlschrank

PHILADELPHIA® TORTE
KIRSCH-MOHN

Zutaten für 16 Stücke
150 g Löffelbiskuits
125 g Butter
1 Glas Schattenmorellen
(abgetropft ca. 350 g)
525 g PHILADELPHIA®
Doppelrahmstufe
300 g Joghurt
3 EL Zitronensaft
1 Prise Salz
125 g backfertige Mohnmischung
1 Pck. gemahlene Gelatine
75 g Zucker

Zubereitungszeit: 30 Minuten
Kühlzeit: 3 Stunden

Zubereitung

1 | Löffelbiskuits in einen Gefrierbeutel füllen, Beutel verschließen und den Inhalt mit einem Nudelholz oder den Händen vollständig zerbröseln.

2 | Butter schmelzen, mit den Bröseln vermischen und in eine mit Backpapier ausgelegte Springform drücken. Schattenmorellen gut abtropfen lassen und auf dem Tortenboden verteilen.

3 | Philadelphia, Joghurt, Zitronensaft, Salz sowie die Mohnmischung mit dem elektrischen Handrührgerät vermengen.

4 | Gelatine in 150 Milliliter kaltem Wasser 10 Minuten einweichen. Zucker hinzufügen und alles unter gelegentlichem Rühren erwärmen, bis sich die Gelatine gelöst hat. Zügig unter die Philadelphia-Creme rühren.

5 | Creme in die Springform füllen; Torte für mindestens 3 Stunden kühlen. Nach Belieben mit Schattenmorellen dekorieren.

Pro Stück: ca. 1068 kJ/255 kcal, E 4 g, F 17 g, KH 22 g

TIPP
Anstelle von Philadelphia Doppelrahmstufe können Sie auch die Fettstufen Balance und So leicht einsetzen.

PHILADELPHIA® TORTE
PROSECCO-ZITRONE

Zutaten für 16 Stücke
150 g Löffelbiskuits
125 g Butter
1 unbehandelte Zitrone
525 g PHILADELPHIA® Doppelrahmstufe
300 g Joghurt
1 Prise Salz
1 Pck. Dessertcremepulver mit Zitronengeschmack
200 ml Prosecco
1 Pck. gemahlene Gelatine
75 g Zucker

Zubereitungszeit: 30 Minuten
Kühlzeit: 3 Stunden

Zubereitung

1 | Löffelbiskuits in einen Gefrierbeutel füllen, Beutel verschließen und den Inhalt mit einem Nudelholz oder den Händen vollständig zerbröseln.

2 | Butter schmelzen, mit den Bröseln vermischen und in eine mit Backpapier ausgelegte Springform drücken.

3 | Die Schale der Zitrone in Zesten reißen, Zitrone anschließend auspressen. Philadelphia, Joghurt, Zitronensaft und Salz mit dem elektrischen Handrührgerät vermengen.

4 | Dessertcremepulver und Prosecco mit dem elektrischen Handrührgerät schaumig schlagen.

5 | Gelatine in 150 Millilitern kaltem Wasser 10 Minuten einweichen. Zucker hinzufügen und alles unter gelegentlichem Rühren erwärmen, bis sich die Gelatine gelöst hat. Zügig mit der Dessertcreme verrühren. Anschließend die Dessertcreme unter die Philadelphia-Creme rühren.

6 | Creme in die Springform füllen; Torte für mindestens 3 Stunden kühlen. Torte vor dem Servieren mit Zitronenschalenzesten dekorieren.

Pro Stück: ca. 1009 kJ/241 kcal, E 4 g, F 16 g, KH 19 g

PHILADELPHIA® TORTE
MULTIVITAMIN

Zutaten für 16 Stücke

150 g Vollkornzwieback
125 g Butter
1 Dose Pfirsiche, natursüß
(abgetropft ca. 250 g)
525 g PHILADELPHIA®
Doppelrahmstufe
300 g Joghurt
1 Prise Salz
6 Blatt Gelatine
75 g Zucker
150 ml Multivitaminsaft

Zubereitungszeit: 30 Minuten
Kühlzeit: 3 Stunden

Zubereitung

1 | Vollkornzwieback in einen Gefrierbeutel füllen, Beutel verschließen und den Inhalt mit einem Nudelholz oder den Händen vollständig zerbröseln.

2 | Butter schmelzen, mit den Bröseln vermischen und in eine mit Backpapier ausgelegte Springform drücken.

3 | Pfirsiche gut abtropfen lassen; einige Pfirsiche in Spalten schneiden und als Dekoration zurückbehalten. Übrige Pfirsiche in Würfel schneiden.

4 | Philadelphia, Joghurt und Salz mit dem elektrischen Handrührgerät vermengen.

5 | Gelatine in kaltem Wasser kurz einweichen und ausdrücken. Mit Zucker und Multivitaminsaft erwärmen, bis sich die Gelatine gelöst hat. Zügig unter die Philadelphia-Creme rühren, anschließend die Pfirsichwürfel unterheben. Creme in die Springform füllen; Torte für mindestens 3 Stunden kühlen, anschließend mit Pfirsichspalten dekoriert servieren.

Pro Stück: ca. 1072 kJ/256 kcal, E 5 g, F 17 g, KH 18 g

TIPP

Für dieses Rezept eignet sich am besten Multivitaminsaft mit einem Fruchtgehalt von 100 Prozent.

PHILADELPHIA® TORTE
KUHFLECKEN

Zutaten für 16 Stücke

150 g Löffelbiskuits
125 g Butter
300 g Joghurt
1 Prise Salz
1 Pck. gemahlene Gelatine
75 g Zucker
175 g PHILADELPHIA® mit MILKA®
350 g PHILADELPHIA® Doppelrahmstufe

Zubereitungszeit: 30 Minuten
Kühlzeit: 3 Stunden

Zubereitung

1 | Löffelbiskuits in einen Gefrierbeutel füllen. Beutel verschließen und den Inhalt mit einem Nudelholz oder den Händen vollständig zerbröseln. Butter schmelzen, mit den Bröseln vermischen und in eine mit Backpapier ausgelegte Springform drücken.

2 | Joghurt und Salz mit dem elektrischen Handrührgerät vermengen.

3 | Gelatine in 150 Millilitern kaltem Wasser 10 Minuten einweichen. Zucker hinzufügen und alles unter Rühren erwärmen, bis sich die Gelatine gelöst hat. Zügig unter die Joghurtcreme rühren.

4 | Etwa 1/3 der Joghurtcreme umfüllen und mit »Philadelphia mit Milka« glatt rühren. Restliche Joghurtcreme mit Philadelphia glatt rühren.

5 | Die Hälfte der weißen Philadelphia-Creme in die Springform füllen. Mit dem Löffel die Hälfte der braunen Philadelphia-Creme als Flecken darauf verteilen. Restliche weiße Creme vorsichtig einfüllen und die Kuhflecken mit der verbliebenen »Philadelphia mit Milka«-Creme nachdekorieren. Torte für mindestens 3 Stunden kühlen.

Pro Stück: ca. 896 kJ/214 kcal, E 4 g, F 14 g, KH 18 g

PHILADELPHIA® TORTE

HIMBEER-SCHOKO-HERZ

Zutaten für 16 Stücke
150 g Löffelbiskuits
125 g Butter
525 g PHILADELPHIA® mit MILKA®
300 g Schokojoghurt (oder Nussjoghurt)
1 Prise Salz
1 Pck. gemahlene Gelatine
25 g Zucker
300 g Himbeeren (tiefgekühlt)
25 g Puderzucker

Zubereitungszeit: 35 Minuten
Kühlzeit: 3 Stunden

Zubereitung

1 | Form vorbereiten: Herzbackrahmen ohne Boden auf eine passende Tortenplatte setzen und wenn nötig außen mit Klebestreifen über Tortenrand und Boden fixieren. Herzspringform mit Backpapier auslegen. Löffelbiskuits in einen Gefrierbeutel füllen. Beutel verschließen und den Inhalt mit einem Nudelholz oder den Händen vollständig zerbröseln. Butter schmelzen, mit den Bröseln vermischen und in die Form drücken.

2 | »Philadelphia mit Milka«, Joghurt und Salz mit dem elektrischen Handrührgerät vermengen.

3 | Gelatine in 150 Milliliter kaltem Wasser 10 Minuten einweichen. Zucker hinzufügen und alles unter Rühren erwärmen, bis sich die Gelatine gelöst hat. Zügig unter die Philadelphia-Creme rühren. Creme in die Form füllen und die Torte für 3 Stunden kühlen.

4 | Himbeeren auftauen und mit Puderzucker fein pürieren. Vor dem Servieren die Himbeersauce auf die Torte geben und vorsichtig verstreichen.

Pro Stück: ca. 984 kJ/235 kcal, E 4 g, F 12 g, KH 27 g

TIPP
Natürlich können Sie die Torte auch in einer klassischen runden Springform zubereiten. Die Zutaten sind ausreichend für eine Form mit 26 Zentimetern Durchmesser.

PHILADELPHIA® TORTE
SCHOKO-EIERLIKÖR

Zutaten für 16 Stücke
75 g Löffelbiskuits
75 g Spekulatius
125 g Butter
1 Tafel MILKA® Schokolade zartherb
525 g PHILADELPHIA® Doppelrahmstufe
300 g Joghurt
100 ml Eierlikör
1 Prise Salz
1 Pck. gemahlene Gelatine
75 g Zucker
Eierlikör zum Verzieren

Zubereitungszeit: 30 Minuten
Kühlzeit: 3 Stunden

Zubereitung

1 | Löffelbiskuits und Spekulatius in einen Gefrierbeutel füllen, Beutel verschließen und den Inhalt mit einem Nudelholz oder den Händen vollständig zerbröseln.

2 | Butter schmelzen, mit den Bröseln vermischen und in eine mit Backpapier ausgelegte Springform drücken.

3 | Schokolade raspeln, die Hälfte der Raspel auf dem Tortenboden verteilen.

4 | Philadelphia, Joghurt, Eierlikör und Salz mit dem elektrischen Handrührgerät vermengen.

5 | Gelatine in 150 Millilitern kaltem Wasser 10 Minuten einweichen. Zucker hinzufügen und alles unter gelegentlichem Rühren erwärmen, bis sich die Gelatine gelöst hat. Zügig unter die Philadelphia-Creme rühren.

6 | Creme in die Springform füllen; Torte für mindestens 3 Stunden kühlen. Vor dem Servieren nach Belieben mit Eierlikör und verbliebenen Schokoladenraspeln dekorieren.

Pro Stück: ca. 1152 kJ/275 kcal, E 4 g, F 20 g, KH 19 g

TIPP
Anstelle von Spekulatius können Sie auch insgesamt 150 Gramm Löffelbiskuits verwenden. Und für die alkoholfreie Variante einfach den Eierlikör weglassen.

PHILADELPHIA® TORTE
CAMPARI-ORANGE

Zutaten für 16 Stücke
150 g Löffelbiskuits
125 g Butter
2 Orangen (filetiert)
1 Pck. Tortenguss (klar)
300 ml Orangensaft
100 ml Campari
100 g Zucker
525 g PHILADELPHIA® Doppelrahmstufe
300 g Joghurt
1 Prise Salz
1 Pck. gemahlene Gelatine

Zubereitungszeit: 30 Minuten
Kühlzeit: 3 Stunden

Zubereitung

1 | Löffelbiskuits in einen Gefrierbeutel füllen, Beutel verschließen und den Inhalt mit einem Nudelholz oder den Händen vollständig zerbröseln.

2 | Butter schmelzen, mit den Bröseln vermischen und in eine mit Backpapier ausgelegte Springform drücken. Tortenboden mit der Hälfte der Orangenfilets belegen.

3 | Tortenguss mit 150 Millilitern Orangensaft, Campari und 2 Esslöffeln Zucker aufkochen. Gleichmäßig auf dem Tortenboden verteilen; auskühlen lassen.

4 | Philadelphia, Joghurt und Salz mit dem elektrischen Handrührgerät vermengen.

5 | Gelatine in 150 Millilitern Orangensaft 10 Minuten einweichen. Übrigen Zucker hinzufügen und alles unter gelegentlichem Rühren erwärmen, bis sich die Gelatine gelöst hat. Zügig unter die Philadelphia-Creme rühren.

6 | Creme in die Springform füllen; Torte für mindestens 3 Stunden kühlen. Torte mit Orangenfilets dekoriert servieren.

Pro Stück: ca. 1097 kJ/262 kcal, E 4 g, F 16 g, KH 23 g

PHILADELPHIA® TORTE
BIRNE-HASELNUSS

Zutaten für 16 Stücke
150 g Löffelbiskuits
125 g Butter
100 g Haselnüsse (gehackt)
525 g PHILADELPHIA®
Doppelrahmstufe
300 g Joghurt
3 EL Zitronensaft
1 Prise Salz
1 Dose Birnen
(abgetropft ca. 460 g)
1 Pck. gemahlene Gelatine
75 g Zucker

Zubereitungszeit: 30 Minuten
Kühlzeit: 3 Stunden

Zubereitung

1 | Löffelbiskuits in einen Gefrierbeutel füllen, den Beutel verschließen und den Inhalt mit einem Nudelholz oder den Händen vollständig zerbröseln.

2 | Butter schmelzen, mit den Bröseln vermischen und in eine mit Backpapier ausgelegte Springform drücken. Mit 6 Esslöffeln Haselnüssen bestreuen.

3 | Philadelphia, Joghurt, Zitronensaft und Salz mit dem elektrischen Handrührgerät vermengen. Birnen abtropfen lassen, den Saft auffangen. 1 Birnenhälfte in Spalten schneiden.

4 | Gelatine in 150 Millilitern Birnensaft 10 Minuten einweichen. Zucker hinzufügen und alles unter gelegentlichem Rühren erwärmen, bis sich die Gelatine gelöst hat. Zügig unter die Philadelphia-Creme rühren.

5 | 1/4 der Creme auf den Tortenboden geben, mit Birnenhälften belegen. Übrige Creme in die Springform füllen; Torte für mindestens 3 Stunden kühlen. Torte mit Birnenspalten und übrigen Haselnüssen dekorieren.

Pro Stück: ca. 1185 kJ/283 kcal, E 4 g, F 20 g, KH 23 g

TIPP
Einen besonders feinen Geschmack haben alternativ auch gehackte Mandeln oder Macadamias.

PHILADELPHIA® TORTE
OREO®-PANDABÄR

Zutaten für 16 Stücke

2 Pck. OREO® Kekse
(à 176 g = 32 Kekse)
50 g Butter
300 g Joghurt
1 Pck. Bourbonvanillearoma
1 Prise Salz
1 Pck. gemahlene Gelatine
50 g Zucker
350 g PHILADELPHIA® Balance
175 g PHILADELPHIA® mit MILKA®

Zubereitungszeit: 30 Minuten
Kühlzeit: 3 Stunden

Zubereitung

1 | 20 Oreo Kekse in einen Gefrierbeutel füllen. Beutel verschließen und den Inhalt mit einem Nudelholz vollständig zerbröseln. Butter schmelzen, mit den Bröseln vermischen und in eine mit Backpapier ausgelegte Springform drücken.

2 | Joghurt, Vanillearoma und Salz mit dem elektrischen Handrührgerät vermengen.

3 | Gelatine in 150 Millilitern kaltem Wasser 10 Minuten einweichen. Zucker hinzufügen und alles unter Rühren erwärmen, bis sich die Gelatine gelöst hat. Zügig unter die Joghurtcreme rühren.

4 | 2/3 der Joghurtcreme mit Philadelphia Balance glatt rühren. Die restliche Joghurtcreme mit »Philadelphia mit Milka« glatt rühren.

5 | Die Hälfte der schokoladigen »Philadelphia mit Milka«-Creme in die Springform füllen. Weiße Philadelphia-Creme vorsichtig darübergeben. Mit der restlichen schokoladigen »Philadelphia mit Milka«-Creme die braunen Augenflecken und die Nasen-Mund-Partie des Pandabären gestalten. Torte für 3 Stunden kühlen. Vor dem Servieren mit Oreo Keksen Augen, Nase und Ohren dekorieren.

Pro Stück: ca. 858 kJ /205 kcal ,E 4 g, F 13 g, KH 18 g

PHILADELPHIA® TORTE ROTE GRÜTZE

Zutaten für 16 Stücke

150 g Butterkekse
125 g Butter
525 g PHILADELPHIA® Doppelrahmstufe
300 g Joghurt
3 EL Zitronensaft
1 Prise Salz
1 Pck. gemahlene Gelatine
500 g rote Grütze
75 g Zucker

Zubereitungszeit: 30 Minuten
Kühlzeit: 3 Stunden

Zubereitung

1 | Butterkekse in einen Gefrierbeutel füllen, den Beutel verschließen und den Inhalt mit einem Nudelholz oder den Händen vollständig zerbröseln.

2 | Butter schmelzen, mit den Bröseln vermischen und in eine mit Backpapier ausgelegte Springform drücken.

3 | Philadelphia, Joghurt, Zitronensaft und Salz mit dem elektrischen Handrührgerät vermengen.

4 | Gelatine in 6 Esslöffeln kaltem Wasser 5 Minuten quellen lassen. Mit 300 Gramm roter Grütze und Zucker erwärmen, bis sich die Gelatine gelöst hat. Zügig unter die Philadelphia-Creme rühren.

5 | Creme in die Springform füllen; Torte für mindestens 3 Stunden kühlen. Vor dem Servieren mit der übrigen roten Grütze dekorieren.

Pro Stück: ca. 1034 kJ/247 kcal, E 4 g, F 16 g, KH 21 g

TIPP

Die rote Grütze können Sie entweder selbst machen oder auf ein Fertigprodukt aus dem Kühlregal zurückgreifen.

PHILADELPHIA® TORTE
WEINTRAUBEN-MARSALA

Zutaten für 16 Stücke
150 g Löffelbiskuits
125 g Butter
300 g grüne Weintrauben
5 EL Marsala
525 g PHILADELPHIA® Doppelrahmstufe
300 g Joghurt
1 Prise Salz
1 Pck. gemahlene Gelatine
125 g Zucker
1 Eiweiß

Zubereitungszeit: 30 Minuten
Kühlzeit: 3 Stunden

Zubereitung

1 | Löffelbiskuits in einen Gefrierbeutel füllen, Beutel verschließen und den Inhalt mit einem Nudelholz oder den Händen vollständig zerbröseln.

2 | Butter schmelzen, mit den Bröseln vermischen und in eine mit Backpapier ausgelegte Springform drücken.

3 | 200 Gramm Weintrauben halbieren und entkernen. Philadelphia, Joghurt und Salz mit dem elektrischen Handrührgerät vermengen.

4 | Gelatine in 100 Millilitern kaltem Wasser 10 Minuten einweichen. 75 Gramm Zucker und Marsala hinzufügen und alles unter gelegentlichem Rühren erwärmen, bis sich die Gelatine gelöst hat. Zügig unter die Philadelphia-Creme rühren.

5 | 1/3 der Creme auf den Tortenboden geben, halbierte Weintrauben darauf verteilen. Übrige Creme in die Springform füllen; Torte für mindestens 3 Stunden kühlen.

6 | Eiweiß steif schlagen. Übrige Weintrauben im Eiweiß, anschließend im restlichen Zucker wenden. Torte kurz vor dem Servieren damit dekorieren.

Pro Stück: ca. 1026 kJ/245 kcal, E 4 g, F 16 g, KH 21 g

PHILADELPHIA® TORTE
MANDARINE-VANILLE

Zutaten für 16 Stücke
150 g Löffelbiskuits
125 g Butter
1 Dose Mandarinen
(abgetropft ca. 175 g)
1 Vanilleschote
525 g PHILADELPHIA®
Doppelrahmstufe
300 g Joghurt
1 Prise Salz
1 Pck. gemahlene Gelatine
75 g Zucker
75 g Aprikosenkonfitüre
1 EL Puderzucker

Zubereitungszeit: 30 Minuten
Kühlzeit: 3 Stunden

Zubereitung

1 | Löffelbiskuits in einen Gefrierbeutel füllen, den Beutel verschließen und den Inhalt mit einem Nudelholz oder den Händen vollständig zerbröseln.

2 | Butter schmelzen, mit den Bröseln vermischen und in eine mit Backpapier ausgelegte Springform drücken.

3 | Mandarinen abtropfen lassen, den Saft dabei auffangen. Mark der Vanilleschote herausschaben. Philadelphia, Joghurt, Vanillemark und Salz mit dem elektrischen Handrührgerät vermengen.

4 | Mandarinensaft mit Wasser auf 150 Milliliter auffüllen. Gelatine im verdünnten Saft 10 Minuten einweichen. Zucker hinzufügen und alles unter gelegentlichem Rühren erwärmen, bis sich die Gelatine gelöst hat. Zügig unter die Philadelphia-Creme rühren. Einige Mandarinen zurückbehalten, die übrigen unter die Creme mischen.

5 | Creme in die Springform füllen; Torte für mindestens 3 Stunden kühlen.

6 | Torte mit übrigen Mandarinen belegen. Aprikosenkonfitüre mit Puderzucker aufkochen, durch ein Sieb streichen. Mandarinen mit dem Guss überziehen, Torte nach Belieben mit gehackten Pistazien bestreut servieren.

Pro Stück: ca. 1009 kJ/241 kcal, E 4 g, F 16 g, KH 22 g

Milka

PHILADELPHIA® TORTE
CAPPUCCINO

Zutaten für 16 Stücke
- 100 g Löffelbiskuits
- 75 g Amarettinikekse
- 1 Tafel MILKA® Alpenmilch Schokolade
- 125 g Butter
- 525 g PHILADELPHIA® Doppelrahmstufe
- 300 g Joghurt
- 1 Prise Salz
- 8 EL JACOBS® Krönung Cappuccino
- 1 Pck. gemahlene Gelatine
- 75 g Zucker

Zubereitungszeit: 30 Minuten
Kühlzeit: 3 Stunden

Zubereitung

1 | Löffelbiskuits und Amarettinikekse in einen Gefrierbeutel füllen, Beutel verschließen und den Inhalt mit einem Nudelholz oder den Händen vollständig zerbröseln. Schokolade raspeln.

2 | Butter schmelzen, mit den Bröseln und der Hälfte der Schokoraspel vermischen und in eine mit Backpapier ausgelegte Springform drücken.

3 | Philadelphia, Joghurt, Salz und Cappuccinopulver mit dem elektrischen Handrührgerät vermengen.

4 | Gelatine in 150 Millilitern kaltem Wasser kurz einweichen. Mit Zucker erwärmen, bis sich die Gelatine gelöst hat. Zügig unter die Philadelphia-Creme rühren.

5 | Creme in die Springform füllen; Torte für mindestens 3 Stunden kühlen. Torte z. B. mit den übrigen Schokoraspeln und »I love Milka«-Pralinés dekorieren.

Pro Stück: ca. 1138 kJ/272 kcal, E 5 g, F 18 g, KH 23 g

TIPP
Mischen Sie ganz nach Geschmack auch andere lösliche JACOBS® Krönung Cappuccinospezialitäten unter die Philadelphia-Creme.

PHILADELPHIA® TORTE
ERDBEERE-ORANGE

Zutaten für 16 Stücke
150 g Löffelbiskuits
125 g Butter
525 g PHILADELPHIA® Doppelrahmstufe
300 g Joghurt
3 EL Zitronensaft
1 Prise Salz
1 Pck. gemahlene Gelatine
150 ml Orangensaft
75 g Zucker
250 g Erdbeeren (in Vierteln)
1 Orange

Zubereitungszeit: 30 Minuten
Kühlzeit: 3 Stunden

Zubereitung

1 | Löffelbiskuits in einen Gefrierbeutel füllen, Beutel verschließen und den Inhalt mit einem Nudelholz oder den Händen vollständig zerbröseln.

2 | Butter schmelzen, mit den Bröseln vermischen und in eine mit Backpapier ausgelegte Springform drücken.

3 | Philadelphia, Joghurt, Zitronensaft und Salz mit dem elektrischen Handrührgerät vermengen.

4 | Gelatine im Orangensaft 10 Minuten einweichen. Zucker hinzufügen und alles unter gelegentlichem Rühren erwärmen, bis sich die Gelatine gelöst hat. Zügig unter die Philadelphia-Creme rühren.

5 | 1/4 der Creme auf den Tortenboden geben, mit Erdbeeren belegen, dabei einige zurückbehalten. Die übrige Creme in die Springform füllen; Torte für mindestens 3 Stunden kühlen.

6 | Orange schälen und filetieren. Torte mit Erdbeeren und Orangenfilets dekorieren.

Pro Stück: ca. 963 kJ/230 kcal, E 4 g, F 16 g, KH 18 g

TIPP
Außerhalb der Orangensaison können Sie die Torte auch mit Mandarinen aus der Dose dekorieren.

PHILADELPHIA® TORTE
PREISELBEERE-MANDEL

Zutaten für 16 Stücke

150 g Löffelbiskuits
125 g Butter
525 g PHILADELPHIA® Doppelrahmstufe
300 g Joghurt
3 EL Zitronensaft
1 Prise Salz
1 Pck. gemahlene Gelatine
75 g Zucker
1 Glas Preiselbeeren (400 g)
50 g Mandelblättchen (geröstet)

Zubereitungszeit: 30 Minuten
Kühlzeit: 3 Stunden

Zubereitung

1 | Löffelbiskuits in einen Gefrierbeutel füllen, Beutel verschließen und den Inhalt mit einem Nudelholz oder den Händen vollständig zerbröseln.

2 | Butter schmelzen, mit den Bröseln vermischen und in eine mit Backpapier ausgelegte Springform drücken.

3 | Philadelphia, Joghurt, Zitronensaft und Salz mit dem elektrischen Handrührgerät vermengen. Gelatine in 150 Millilitern kaltem Wasser 10 Minuten einweichen. Zucker hinzufügen und alles unter gelegentlichem Rühren erwärmen, bis sich die Gelatine gelöst hat. Zügig unter die Philadelphia-Creme rühren.

4 | Preiselbeeren pürieren und 4 Esslöffel für die Garnitur zur Seite stellen. 1/4 der Philadelphia-Creme auf den Tortenboden geben. Preiselbeerpüree in der Mitte der Torte kreisförmig verteilen.

5 | Die Hälfte der Mandelblättchen über das Preiselbeerpüree streuen. Übrige Creme in die Springform füllen. Das übrige Preiselbeerpüree auf der Torte verteilen.

6 | Torte für mindestens 3 Stunden kühlen. Den Tortenrand mit den übrigen Mandelblättchen dekorieren.

Pro Stück: ca. 1047 kJ/250 kcal, E 4 g, F 17 g, KH 19 g

PHILADELPHIA® TORTE
ORANGE-MANDEL

Zutaten für 16 Stücke
150 g Löffelbiskuits
125 g Butter
3 EL Mandelblättchen
525 g PHILADELPHIA® Doppelrahmstufe
300 g Joghurt
3 EL Zitronensaft
1 Prise Salz
1 Pck. gemahlene Gelatine
150 ml Orangensaft
75 g Zucker
4 Orangen (filetiert)

Zubereitungszeit: 30 Minuten
Kühlzeit: 3 Stunden

Zubereitung

1 | Löffelbiskuits in einen Gefrierbeutel füllen, den Beutel verschließen und den Inhalt mit einem Nudelholz oder den Händen vollständig zerbröseln.

2 | Butter schmelzen, mit den Bröseln vermischen und in eine mit Backpapier ausgelegte Springform drücken. Mandelblättchen in einer Pfanne ohne Öl rösten, 2 Esslöffel auf dem Tortenboden verteilen.

3 | Philadelphia, Joghurt, Zitronensaft und Salz mit dem elektrischen Handrührgerät vermengen.

4 | Gelatine im Orangensaft 10 Minuten einweichen. Zucker hinzufügen und alles unter gelegentlichem Rühren erwärmen, bis sich die Gelatine gelöst hat. Zügig unter die Philadelphia-Creme rühren. Orangenfilets unterheben.

5 | Creme in die Springform füllen; Torte für mindestens 3 Stunden kühlen. Torte nach Belieben mit Orangenspalten und übrigen Mandeln dekorieren.

Pro Stück: ca. 1101 kJ/263 kcal, E 5 g, F 17 g, KH 22 g

TIPP

Zum Filetieren der Orangen diese dick schälen, dabei auch die weiße Haut abschneiden. Danach die Filets zwischen den Häuten herausschneiden. Statt filetierter frischer Orangen können Sie auch Mandarinen aus der Dose nehmen; vorher gut abtropfen lassen.

PHILADELPHIA® TORTE
PFIRSICH-EIERLIKÖR

Zutaten für 16 Stücke
150 g Löffelbiskuits
125 g Butter
1 Dose Pfirsiche
(abgetropft ca. 300 g)
525 g PHILADELPHIA®
Doppelrahmstufe
300 g Joghurt
3 EL Zitronensaft
1 Prise Salz
1 1/2 Pck. gemahlene Gelatine
3 EL Eierlikör
75 g Zucker

Zubereitungszeit: 30 Minuten
Kühlzeit: 3 Stunden

Zubereitung

1 | Löffelbiskuits in einen Gefrierbeutel füllen, Beutel verschließen und den Inhalt mit einem Nudelholz oder den Händen vollständig zerbröseln.

2 | Butter schmelzen, mit den Bröseln vermischen und in eine mit Backpapier ausgelegte Springform drücken. Pfirsiche abtropfen lassen, den Saft dabei auffangen. 150 Gramm Pfirsiche pürieren.

3 | Philadelphia, Joghurt, Zitronensaft und Salz mit dem elektrischen Handrührgerät vermengen.

4 | Pfirsichsaft mit Wasser auf 150 Milliliter auffüllen. Gelatine im verdünnten Saft 10 Minuten einweichen. Eierlikör und Zucker hinzufügen und alles unter gelegentlichem Rühren erwärmen, bis sich die Gelatine gelöst hat. Zügig mit den pürierten Pfirsichen unter die Philadelphia-Creme rühren.

5 | Übrige Pfirsiche in Stücke schneiden, auf den Tortenboden geben; dabei einige Stücke für die Dekoration beiseite legen.

6 | Creme in die Springform füllen; Torte für mindestens 3 Stunden kühlen. Torte mit Pfirsichen und Eierlikör dekorieren.

Pro Stück: ca. 1005 kJ/240 kcal, E 4 g, F 16 g, KH 20 g

PHILADELPHIA® TORTE
PINK GRAPEFRUIT

Zutaten für 16 Stücke
150 g Löffelbiskuits
125 g Butter
2 EL Mandelstifte
4 Pink Grapefruits
525 g PHILADELPHIA® Doppelrahmstufe
300 g Joghurt
2 EL Himbeersirup
1 Prise Salz
1 Pck. gemahlene Gelatine
75 g Zucker

Zubereitungszeit: 30 Minuten
Kühlzeit: 3 Stunden

Zubereitung

1 | Löffelbiskuits in einen Gefrierbeutel füllen, Beutel verschließen und den Inhalt mit einem Nudelholz oder den Händen vollständig zerbröseln.

2 | Butter schmelzen, mit den Bröseln und Mandelstiften vermischen; in eine mit Backpapier ausgelegte Springform drücken.

3 | 3 Grapefruits filetieren, Filets klein schneiden. Einige Grapefruitstücke beiseite legen, die restlichen zusammen mit Philadelphia, Joghurt, Himbeersirup und Salz mit dem elektrischen Handrührgerät vermengen.

4 | 1 Grapefruit auspressen. Gelatine in 150 Millilitern Grapefruitsaft 10 Minuten einweichen. Zucker hinzufügen und alles unter gelegentlichem Rühren erwärmen, bis sich die Gelatine gelöst hat. Zügig unter die Philadelphia-Creme rühren.

5 | Creme in die Springform füllen; Torte für mindestens 3 Stunden kühlen. Torte mit übrigen Grapefruitstücken dekorieren.

Pro Stück: ca. 1055 kJ/252 kcal, E 4 g, F 17 g, KH 20 g

TIPP
Um an die saftigen Grapefruitfilets zu gelangen, die Früchte mit einem Messer dick schälen und die Filets vorsichtig zwischen den Trennwänden herausschneiden.

PHILADELPHIA® TORTE
PFIRSICH-HIMBEERE

Zutaten für 16 Stücke

150 g Himbeeren (frisch oder tiefgekühlt)
150 g Pfirsiche (frisch oder aus der Dose)
1 Tafel MILKA® Alpenmilch Schokolade
150 g Löffelbiskuits
125 g Butter
525 g PHILADELPHIA® Doppelrahmstufe
300 g Joghurt
1 Prise Salz
4 EL Zitronensaft
1 Pck. gemahlene Gelatine
75 g Zucker

Zubereitungszeit: 30 Minuten
Kühlzeit: 3 Stunden

Zubereitung

1 | Tiefgekühlte Himbeeren auftauen und abtropfen lassen. Pfirsiche schälen und in Spalten schneiden. 1/2 Tafel Schokolade raspeln.

2 | Löffelbiskuits in einen Gefrierbeutel füllen, Beutel verschließen und den Inhalt mit einem Nudelholz oder den Händen vollständig zerbröseln.

3 | Butter schmelzen, mit den Bröseln vermischen und in eine mit Backpapier ausgelegte Springform drücken.

4 | Philadelphia, Joghurt, Salz und Zitronensaft mit dem elektrischen Handrührgerät vermengen.

5 | Gelatine in 150 Millilitern kaltem Wasser kurz einweichen. Mit Zucker erwärmen, bis sich die Gelatine gelöst hat. Zügig unter die Philadelphia-Creme rühren.

6 | 1/4 der Creme auf den Tortenboden geben, mit Himbeeren und Pfirsichen belegen. Übrige Creme in die Springform füllen; Torte für mindestens 3 Stunden kühlen.

7 | Von der übrigen Schokolade mit einem Sparschäler Röllchen schaben. Torte mit Schokoröllchen und nach Belieben mit einigen Früchten dekorieren.

Pro Stück: ca. 1147 kJ/274 kcal, E 5 g, F 19 g, KH 19 g

PHILADELPHIA® TORTE
ANANAS-KOKOS

Zutaten für 16 Stücke

150 g Löffelbiskuits
125 g Butter
525 g PHILADELPHIA®
Doppelrahmstufe
300 g Joghurt
4 EL Kokosraspel
3 EL Zitronensaft
1 Prise Salz
1 Dose Ananas
(abgetropft ca. 260 g)
1 Pck. gemahlene Gelatine
2 EL Rum
75 g Zucker

Zubereitungszeit: 30 Minuten
Kühlzeit: 3 Stunden

Zubereitung

1 | Löffelbiskuits in einen Gefrierbeutel füllen, Beutel verschließen und den Inhalt mit einem Nudelholz oder den Händen vollständig zerbröseln.

2 | Butter schmelzen, mit den Bröseln vermischen und in eine mit Backpapier ausgelegte Springform drücken.

3 | Philadelphia, Joghurt, Kokosraspel, Zitronensaft und Salz mit dem elektrischen Handrührgerät vermengen.

4 | Ananas abtropfen lassen, den Saft dabei auffangen. 100 Milliliter Ananassaft mit 50 Millilitern Wasser verdünnen. Ananas in mundgerechte Stücke schneiden.

5 | Gelatine im verdünnten Ananassaft 10 Minuten einweichen. Rum und Zucker hinzufügen und alles unter gelegentlichem Rühren erwärmen, bis sich die Gelatine gelöst hat. Zügig unter die Philadelphia-Creme rühren.

6 | 1/4 der Creme auf den Tortenboden geben, mit Ananasstücken belegen, einige zum Dekorieren beiseite stellen. Übrige Creme in die Springform füllen; Torte für mindestens 3 Stunden kühlen. Torte mit Ananas und nach Belieben mit Kokosraspeln dekorieren.

Pro Stück: ca. 1022 kJ/244 kcal, E 4 g, F 16 g, KH 19 g

PHILADELPHIA® TORTE »BLUMENBEET«

Zutaten für 30 Stücke

300 g Löffelbiskuits
250 g Butter
1050 g PHILADELPHIA® Balance
600 g Joghurt
6 EL Zitronensaft
2 Prisen Salz
200 g MILKA® weiße Schokolade
2 Pck. gemahlene Gelatine
100 g Zucker
250 g frisches Obst (z.B. Erdbeeren, Brombeeren, Johannisbeeren, Weintrauben, Nektarinen)

Zubereitungszeit: 45 Minuten
Kühlzeit: 3 Stunden

Zubereitung

1 | Backrahmen auf eine passende Servierplatte oder ein mit Backpapier belegtes Backblech setzen. Löffelbiskuits in einen Gefrierbeutel füllen. Beutel verschließen und den Inhalt mit einem Nudelholz oder den Händen vollständig zerbröseln. Butter schmelzen, mit den Bröseln vermischen und in die Form drücken.

2 | Philadelphia, Joghurt, Zitronensaft und Salz mit dem elektrischen Handrührgerät vermengen.

3 | Weiße Schokolade in Stücke brechen und 1 bis 2 Minuten in der Mikrowelle bei geringer Leistung oder im Topf bei kleiner Hitze schmelzen. Mit der Philadelphia-Mischung zu einer glatten Creme verrühren.

4 | Gelatine in 150 Millilitern kaltem Wasser 10 Minuten einweichen. Zucker hinzufügen und alles unter Rühren erwärmen, bis sich die Gelatine gelöst hat. Zügig unter die Philadelphia-Creme rühren. Creme in die Springform füllen und die Torte für 3 Stunden kühlen.

5 | Torte vor dem Servieren mit dem Obst in Blütenformen dekorieren. Nach Belieben aus gehackten Pistazien Blumenstängel streuen und mit frischen Blättchen, z. B. Zitronenmelisse, verzieren.

Pro Stück: ca. 938 kJ/224kcal, E 5 g, F 14 g, KH 20 g

TIPP

Natürlich können Sie statt eines großen Blechs auch ein kleineres »Blumenbeet« machen. Wenn Sie die Zutaten halbieren, reicht die Menge für eine runde Springform mit 26 Zentimetern Durchmesser oder eine eckige Form mit etwa 20 Zentimetern Seitenlänge.

PHILADELPHIA® TORTE
ERDBEERE-PISTAZIE

Zutaten für 16 Stücke
150 g Löffelbiskuits
125 g Butter
25 g Pistazien
525 g PHILADELPHIA®
Doppelrahmstufe
300 g Joghurt
3 EL Zitronensaft
1 Prise Salz
250 g Erdbeeren
1 Pck. gemahlene Gelatine
75 g Zucker

Zubereitungszeit: 30 Minuten
Kühlzeit: 3 Stunden

Zubereitung

1 | Löffelbiskuits in einen Gefrierbeutel füllen, Beutel verschließen und den Inhalt mit einem Nudelholz oder den Händen vollständig zerbröseln.

2 | Butter schmelzen, mit den Bröseln vermischen und in eine mit Backpapier ausgelegte Springform drücken. 3/4 der Pistazien auf den Boden streuen.

3 | Philadelphia, Joghurt, Zitronensaft und Salz mit dem elektrischen Handrührgerät vermengen.

4 | 150 Gramm Erdbeeren pürieren. Gelatine in 6 Esslöffeln kaltem Wasser 5 Minuten quellen lassen. Mit Erdbeerpüree und Zucker erwärmen, bis sich die Gelatine gelöst hat. Zügig unter die Philadelphia-Creme rühren.

5 | Einige Früchte zur Dekoration beiseite legen. Übrige Erdbeeren klein schneiden und unter die Creme rühren.

6 | Creme in die Springform füllen; Torte für mindestens 3 Stunden kühlen. Torte mit übrigen Pistazien und Erdbeeren dekorieren.

Pro Stück: ca. 951 kJ/227 kcal, E 4 g, F 16 g, KH 16 g

PHILADELPHIA® TORTE PÜNKTCHEN

Zutaten für 16 Stücke

150 g Vollkornbutterkekse
125 g Butter
525 g PHILADELPHIA® Doppelrahmstufe
300 g Joghurt
150 g Erdbeerkonfitüre
3 EL Zitronensaft
1 Prise Salz
300 g Erdbeeren
1 Pck. gemahlene Gelatine
75 g PHILADELPHIA® Doppelrahmstufe
75 g Puderzucker

Zubereitungszeit: 35 Minuten
Kühlzeit: 3 Stunden

Zubereitung

1 | Butterkekse in einen Gefrierbeutel füllen. Beutel verschließen und den Inhalt mit einem Nudelholz oder den Händen vollständig zerbröseln. Butter schmelzen, mit den Bröseln vermischen und in eine mit Backpapier ausgelegte Springform drücken.

2 | Philadelphia, Joghurt, Erdbeerkonfitüre, Zitronensaft und Salz mit dem elektrischen Handrührgerät vermengen. Erdbeeren pürieren.

3 | Gelatine in 6 Esslöffeln kaltem Wasser 5 Minuten quellen lassen. Mit Erdbeerpüree unter Rühren erwärmen, bis sich die Gelatine gelöst hat. Zügig unter die Philadelphia-Creme rühren. Creme in die Springform füllen und die Torte für 3 Stunden kühlen.

4 | Vor dem Servieren Philadelphia mit Puderzucker verrühren. Masse in eine Tüte füllen, eine Ecke abschneiden und Punkte auf die Torte aufspritzen.

Pro Stück: ca. 1085 kJ/259 kcal, E 4 g, F 18 g, KH 20 g

TIPP

Die kleinen Pünktchen am besten erst kurz vor dem Servieren auf die Torte geben – so behalten sie ihre schöne Form.

PHILADELPHIA® TORTE
SCHOKO-KARAMELL

Zutaten für 16 Stücke
150 g Butterkekse
125 g Butter
525 g PHILADELPHIA® mit MILKA®
340 g Kondensmilch (7,5 % Fett)
1 Prise Salz
1 Pck. gemahlene Gelatine
175 g Karamellbonbons
(Weichkaramellen)

Zubereitungszeit: 40 Minuten
Kühlzeit: 3 Stunden

Zubereitung

1 | Kekse in einen Gefrierbeutel füllen, Beutel verschließen und den Inhalt mit einem Nudelholz oder den Händen vollständig zerbröseln. Butter schmelzen, mit den Bröseln vermischen und in eine mit Backpapier ausgelegte Springform drücken.

2 | »Philadelphia mit Milka«, 300 Gramm Kondensmilch und Salz mit dem elektrischen Handrührgerät vermengen.

3 | Gelatine in 150 Millilitern kaltem Wasser 10 Minuten einweichen. Unter Rühren erwärmen, bis sich die Gelatine gelöst hat; zügig unter die Philadelphia-Creme rühren. Creme in die Springform füllen, 4 der Weichkaramellen grob hacken und in die Creme geben. Torte für 3 Stunden kühlen.

4 | Vor dem Servieren übrige Karamellen in der restlichen Kondensmilch bei mittlerer Hitze schmelzen, dabei öfter umrühren. Karamellcreme 10 Minuten abkühlen lassen und dann auf die Torte geben.

Pro Stück: ca. 1131 kJ/270 kcal, E 5 g, F 14 g, KH 30 g

TIPP
Nach 10 Minuten Abkühlzeit hat das Karamell-Topping die perfekte Konsistenz. Sollte es doch noch zu flüssig sein, einfach etwas länger abkühlen lassen.

PHILADELPHIA® TORTE
SCHOKO-PFLAUME

Zutaten für 16 Stücke
150 g Spekulatius
125 g Butter
525 g PHILADELPHIA® mit MILKA®
300 g Joghurt
1 Prise Salz
3 EL Zimtpulver
1/2 TL Kardamompulver
1 Pck. gemahlene Gelatine
25 g Zucker
100 g Pflaumenmus

Zubereitungszeit: 30 Minuten
Kühlzeit: 3 Stunden

Zubereitung

1 | Spekulatius in einen Gefrierbeutel füllen, Beutel verschließen und den Inhalt mit einem Nudelholz oder den Händen vollständig zerbröseln. Butter schmelzen, mit den Bröseln vermischen und in eine mit Backpapier ausgelegte Springform drücken.

2 | »Philadelphia mit Milka«, Joghurt, Salz, Zimt und Kardamom mit dem elektrischen Handrührgerät vermengen.

3 | Gelatine in 150 Millilitern kaltem Wasser 10 Minuten einweichen. Zucker hinzufügen und alles unter Rühren erwärmen, bis sich die Gelatine gelöst hat; zügig unter die Philadelphia-Creme rühren.

4 | Die Hälfte der Creme in die Springform füllen. Pflaumenmus mit 2 bis 3 Esslöffeln Wasser glatt rühren und spiralförmig auf der Creme verteilen, den Rand dabei aussparen. Übrige Creme darübergeben und die Torte für 3 Stunden kühlen. Nach Belieben mit frischen Pflaumen dekorieren.

Pro Stück: ca. 963 kJ/230 kcal, E 4 g, F 13 g, KH 24 g

TIPP Anstelle von Spekulatius können Sie natürlich auch Löffelbiskuits oder Butterkekse verwenden.

PHILADELPHIA® TORTE
APFEL-WALNUSS

Zutaten für 16 Stücke

150 g Löffelbiskuits
125 g Butter
525 g PHILADELPHIA® Doppelrahmstufe
300 g Joghurt
4 EL Zitronensaft
1 Prise Salz
1 Pck. gemahlene Gelatine
75 g Zucker
3 Äpfel
30 g Walnusskerne (gehackt)

Zubereitungszeit: 30 Minuten
Kühlzeit: 3 Stunden

Zubereitung

1 | Löffelbiskuits in einen Gefrierbeutel füllen, Beutel verschließen und den Inhalt mit einem Nudelholz oder den Händen vollständig zerbröseln.

2 | Butter schmelzen, mit den Bröseln vermischen und in eine mit Backpapier ausgelegte Springform drücken.

3 | Philadelphia, Joghurt, 3 Esslöffel Zitronensaft und Salz mit dem elektrischen Handrührgerät vermengen.

4 | Gelatine in 150 Millilitern kaltem Wasser 10 Minuten einweichen. Zucker hinzufügen und alles unter gelegentlichem Rühren erwärmen, bis sich die Gelatine gelöst hat. Zügig unter die Philadelphia-Creme rühren.

5 | Äpfel in dünne Spalten schneiden. Sofort mit 1 Esslöffel Zitronensaft beträufeln. 1/4 der Creme auf den Tortenboden geben, mit 2/3 der Apfelspalten belegen und die gehackten Walnüsse darüber streuen. Übrige Creme in die Springform füllen; Torte für mindestens 3 Stunden kühlen, mit übrigen Apfelspalten und nach Belieben mit einigen weiteren Walnüssen dekorieren.

Pro Stück: ca. 1005 kJ/240 kcal, E 4 g, F 17 g, KH 18 g

PHILADELPHIA® TORTE
SCHOKO-KOKOS

Zutaten für 16 Stücke

150 g Löffelbiskuits
125 g Butter
150 g Joghurt
1 Prise Salz
1 Pck. gemahlene Gelatine
25 g Zucker
175 g PHILADELPHIA® Balance
1 kleine Dose Kokosmilch
(ca. 165 g)
350 g PHILADELPHIA® mit MILKA®

Zubereitungszeit: 30 Minuten
Kühlzeit: 3 Stunden

Zubereitung

1 | Löffelbiskuits in einen Gefrierbeutel füllen, Beutel verschließen und den Inhalt mit einem Nudelholz oder den Händen vollständig zerbröseln. Butter schmelzen, mit den Bröseln vermischen und in eine mit Backpapier ausgelegte Springform drücken.

2 | Joghurt und Salz mit dem elektrischen Handrührgerät vermengen. Gelatine in 150 Millilitern kaltem Wasser 10 Minuten einweichen. Zucker hinzufügen und alles unter Rühren erwärmen, bis sich die Gelatine gelöst hat; zügig unter die Joghurtcreme rühren.

3 | Die Hälfte der Joghurtcreme umfüllen und mit Philadelphia und Kokosmilch glatt rühren. Restliche Joghurtcreme mit »Philadelphia mit Milka« glatt rühren.

4 | Schokoladen- und Kokoscreme abwechselnd in die Springform füllen. Schichten mit einem Gabelstiel marmorieren, anschließend die Torte für 3 Stunden kühlen.

Pro Stück: ca. 858 kJ/205 kcal, E 4 g, F 13 g, KH 18 g

TIPP Für einen noch intensiveren Kokosgeschmack streuen Sie z. B. Kokosraspel auf den Tortenboden.

PHILADELPHIA® TORTE
SCHWARZWÄLDER KIRSCH

Zutaten für 16 Stücke

150 g Löffelbiskuits
125 g Butter
5 EL KABA® Kakaopulver
3 EL Kirschwasser
2 große Gläser Sauerkirschen (entsteint)
2 Pck. Tortenguss
4 EL Zucker
525 g PHILADELPHIA® mit MILKA®
300 g Joghurt
1 Prise Salz
1 Pck. gemahlene Gelatine
20 g MILKA® weiße Schokolade (geraspelt)

Zubereitungszeit: 45 Minuten
Kühlzeit: 3 Stunden

Zubereitung

1 | Löffelbiskuits in einen Gefrierbeutel füllen, Beutel verschließen und den Inhalt mit einem Nudelholz oder den Händen zerbröseln. Butter schmelzen, mit den Bröseln und Kakaopulver vermischen und in eine mit Backpapier ausgelegte Springform drücken; Kirschwasser über den Boden träufeln.

2 | Kirschen abtropfen lassen, den Saft dabei auffangen. Kirschen in der Springform verteilen, sodass der Boden bedeckt ist. Restliche Kirschen für die Dekoration beiseitelegen.

3 | Tortenguss mit Zucker mischen und mit 250 Millilitern Kirschsaft und 250 Millilitern Wasser glatt rühren. Unter Rühren zum Kochen bringen, kurz aufkochen. Guss über die Kirschen geben und gut verteilen, anschließend die Springform kalt stellen.

4 | »Philadelphia mit Milka«, Joghurt und Salz mit dem elektrischen Handrührgerät vermengen.

5 | Gelatine in 150 Millilitern kaltem Wasser 10 Minuten einweichen. Unter gelegentlichem Rühren erwärmen, bis sich die Gelatine gelöst hat; zügig unter die Philadelphia-Creme rühren. Creme in die Springform füllen und die Torte für 3 Stunden kühlen. Vor dem Servieren die Torte mit geraspelter Schokolade und Kirschen dekorieren.

Pro Stück: ca. 984 kJ/235kcal, E 4 g, F 12 g, KH 27 g

TIPP

Kirschwasser gehört traditionell in die Schwarzwälder Kirschtorte. Für eine alkoholfreie Torte lassen Sie den Obstbrand einfach weg.

PHILADELPHIA® TORTE

SCHOKO-MARSHMALLOW

Zutaten für 16 Stücke
100 g MILKA® weiße Schokolade
175 g PHILADELPHIA® Balance
300 g Sahnejoghurt
350 g PHILADELPHIA® mit MILKA®
100 g Marshmallows
150 g Butterkekse
125 g Butter

Zubereitungszeit: 25 Minuten
Gefrierzeit: 4 Stunden

Zubereitung

1 | Schokolade in Stücke brechen und bei geringer Leistung 1 bis 2 Minuten in der Mikrowelle schmelzen. Mit Philadelphia und 150 Gramm Sahnejoghurt zu einer glatten Creme verrühren.

2 | Übrigen Sahnejoghurt und »Philadelphia mit Milka« verrühren. Marshmallows in je 4 Stücke zupfen oder schneiden und unter die schokobraune Philadelphia-Creme mischen. Beide Cremes nacheinander in eine mit Frischhaltefolie ausgelegte Kastenform füllen.

3 | Butterkekse in einen Gefrierbeutel füllen, Beutel verschließen und den Inhalt mit einem Nudelholz oder den Händen vollständig zerbröseln. Butter schmelzen und mit den Bröseln vermischen. Butter-Keks-Brösel auf die Philadelphia-Masse verteilen und leicht andrücken.

4 | Torte für mindestens 4 Stunden oder über Nacht gefrieren. Vor dem Servieren die Torte aus der Form stürzen und die Folie entfernen, leicht antauen lassen.

Pro Stück: ca. 1072 kJ/256 kcal, E 4 g, F 16 g, KH 25 g

TIPP
Sie können auch bunte Mini-Marshmallows verwenden, diese können Sie ohne Zerteilen in die dunkle Schokoladencreme geben – sieht toll aus!

PHILADELPHIA® TORTE
SCHOKO-ERDBEERE

Zutaten für 16 Stücke
300 g Erdbeeren
25 g Puderzucker
150 g Löffelbiskuits
100 g Butter
525 g PHILADELPHIA® mit MILKA®
400 g Sahnejoghurt

Zubereitungszeit: 25 Minuten
Gefrierzeit: 6 Stunden

Zubereitung

1 | Erdbeeren mit Puderzucker fein pürieren.

2 | Löffelbiskuits in einen Gefrierbeutel füllen, Beutel verschließen und den Inhalt mit einem Nudelholz oder den Händen vollständig zerbröseln. Butter schmelzen, mit den Bröseln vermischen und in eine mit Backpapier ausgelegte Springform drücken.

3 | »Philadelphia mit Milka« und Joghurt mit dem elektrischen Handrührgerät vermengen. 2/3 der Creme in die Springform füllen. Erdbeerpüree auf der Masse verteilen und den Rest der Philadelphia-Creme darübergeben. Schichten mit einem Gabelstiel leicht marmorieren und anschließend die Torte für mindestens 6 Stunden, besser über Nacht, gefrieren. Vor dem Servieren etwas antauen lassen.

Pro Stück: ca. 921 kJ/220 kcal, E 4 g, F 13 g, KH 23 g

TIPP
Sie können sowohl frische als auch tiefgekühlte Erdbeeren verwenden. Alternativ schmecken auch Himbeeren köstlich.

PHILADELPHIA® TORTE
MANGO-KOKOS

Zutaten für 16 Stücke

150 g Vollkornbutterkekse
125 g Butter
1 Mango
525 g PHILADELPHIA®
Doppelrahmstufe
400 ml Kokosmilch
3 EL Zitronensaft
75 g Puderzucker

Zubereitungszeit: 20 Minuten
Gefrierzeit: 3 Stunden

Zubereitung

1 | Butterkekse in einen Gefrierbeutel füllen. Beutel verschließen und den Inhalt mit einem Nudelholz oder den Händen vollständig zerbröseln. Butter schmelzen, mit den Bröseln vermischen und in eine mit Backpapier ausgelegte Springform drücken.

2 | Mango schälen, Fruchtfleisch würfeln und pürieren. Philadelphia, Kokosmilch, Zitronensaft, Puderzucker und pürierte Mango mit dem elektrischen Handrührgerät vermengen, sodass eine cremige Masse entsteht.

3 | Creme in die Springform füllen und die Torte für 3 Stunden gefrieren. Vor dem Servieren die Torte etwas antauen lassen – so lässt sie sich leichter schneiden. Nach Belieben mit Mangopüree und Mangospalten dekorieren.

Pro Stück: ca. 1059 kJ/253 kcal, E 3 g, F 20 g, KH 15 g

TIPP

Anstelle der reifen Mango können Sie auch 250 Gramm abgetropfte Mango aus der Dose verwenden.

Herzhaft Gebackenes für jeden Tag

PAPRIKA-SALAMI-FLAMMKUCHEN

Zutaten für 4 Portionen

2 Zwiebeln (in Ringen)
2 EL Honig
650 g Tomatenpaprika (aus dem Glas)
1 Pck. Pizzateig (gekühltes Fertigprodukt)
175 g PHILADELPHIA® Kräuter Doppelrahmstufe
60 g Salami (in hauchdünnen Scheiben)

Zubereitungszeit: 10 Minuten
Backzeit: 15 Minuten

Zubereitung

1 | Backofen auf 200 °C (Ober- und Unterhitze) vorheizen. Zwiebeln mit Honig vermischen und kurz marinieren. Tomatenpaprika abtropfen lassen und in feine Streifen schneiden.

2 | Pizzateig halbieren und jeweils auf 1 Stück Backpapier dünn ausrollen. Mit Philadelphia bestreichen und auf 2 Backbleche legen.

3 | Bestrichene Böden mit den marinierten Zwiebeln, Paprika und Salami belegen. Im Ofen ca. 15 Minuten backen, bis der Boden knusprig goldbraun ist. Die Flammkuchen jeweils halbieren und als Portionen servieren – oder in 12 Stücke schneiden und gemeinschaftlich teilen.

Pro Portion: ca. 1868 kJ/446 kcal, E 16 g, F 16 g, KH 59 g

TIPP

Wussten Sie's? Einer Geschichte nach verdanken wir den Flammkuchen einer Bäuerin, die vor dem Brotbacken die Ofentemperatur prüfen wollte. Sie rollte ein Stück Brotteig hauchdünn aus und belegte diesen mit vorrätigen Zutaten. War der Flammkuchen nach wenigen Minuten durchgebacken, hatte der Ofen die richtige Temperatur für das Brotbacken. Der heiße Flammkuchen schmeckte als willkommene Zwischenmahlzeit.

ROTER ZWIEBELKUCHEN

(FOTO AUF SEITE 142)

(FOTO AUF SEITE 142)

Zutaten für 6 Stücke

1 Pizzateig (für ein Blech, Fertigprodukt)
250 g PHILADELPHIA® Doppelrahmstufe
etwas Salz und Pfeffer
4 rote Zwiebeln (in Ringen)
1 Bund Petersilie (gehackt)
100 g roher Schinken (in Scheiben)

Zubereitungszeit: 10 Minuten
Backzeit: 25 Minuten

Zubereitung

1 | Mischung für Pizzateig nach Packungsanweisung zubereiten und auf einem mit Backpapier ausgelegten Blech (ca. 30 mal 40 Zentimeter) ausrollen. Backofen auf 175 °C (Ober- und Unterhitze) vorheizen.

2 | Philadelphia mit 5 Esslöffeln Wasser glatt rühren, salzen und pfeffern. Zwiebelringe und Petersilie unterheben und die Mischung auf dem Teig verteilen.

3 | Zwiebelkuchen ca. 25 Minuten backen. Kurz vor Ende der Garzeit den Schinken auf dem Zwiebelkuchen verteilen. Den fertigen Zwiebelkuchen in 6 Stücke schneiden und servieren.

Pro Stück: ca. 1248 kJ/298 kcal, E 10 g, F 15 g, KH 30 g

GEROLLTES ZWIEBELBROT

Zutaten für 4 Portionen

1 Pizzateig (gekühltes Fertigprodukt)
175 g PHILADELPHIA® Kräuter Balance
1 rote Zwiebel (in Ringen)

Zubereitungszeit: 10 Minuten
Backzeit: 20 Minuten

Zubereitung

1 | Backofen auf 180 °C (Umluft) vorheizen. Pizzateig ausrollen, mit Philadelphia bestreichen und mit Zwiebelringen belegen.

2 | Den Teig von der kurzen Seite aufrollen und auf ein mit Backpapier belegtes Backblech geben.

3 | Teigrolle der Länge nach 3-mal tief einschneiden und ca. 20 Minuten im Ofen backen.

Pro Portion: ca. 1227 kJ/293 kcal, E 10 g, F 9 g, KH 41 g

PIZZETTE CON SALMONE

Zutaten für 6 Portionen

- 100 g PHILADELPHIA® Doppelrahmstufe
- 2 EL Schnittlauch (in Röllchen geschnitten)
- 1/2 TL Schale von 1 unbehandelten Zitrone (fein abgerieben)
- etwas Salz und Pfeffer
- 400 g Pizzateig (gekühltes Fertigprodukt)
- 2 rote Zwiebeln (in Ringen)
- 200 g Räucherlachs (in Scheiben)
- etwas Basilikum

Zubereitungszeit: 15 Minuten
Backzeit: 20 Minuten

Zubereitung

1 | Ofen auf 210 °C (Umluft) vorheizen. Philadelphia, Schnittlauch und Zitronenschale verrühren, salzen und pfeffern.

2 | Pizzateig in 6 Stücke teilen. Die Ränder umklappen und dekorativ mit den Fingern zusammenkneifen. Auf ein mit Backpapier ausgelegtes Blech geben. Philadelphia-Creme auf die Teigstücke streichen, 10 Minuten backen.

3 | Nach 10 Minuten aus dem Ofen nehmen und die Zwiebelringe auf den Pizzette verteilen, anschließend weitere 10 Minuten backen.

4 | Mit dem Lachs belegen und sofort mit etwas Basilikum garniert servieren.

Pro Portion: ca. 1093 kJ/261 kcal, E 13 g, F 10 g, KH 29 g

TIPP

Backen Sie die Pizzette auf der untersten Schiene Ihres Ofens, damit der Boden besonders knusprig wird.

NUDEL-SCHINKEN-AUFLAUF »CARBONARA«

Zutaten für 4 Portionen

300 g Nudeln (z.B. Makkaroni)
350 g PHILADELPHIA® Schinken
200 ml fettarme Milch
1 Knoblauchzehe
1 TL Brühe (gekörnt)
1 Zwiebel
1 Bund Petersilie
80 g Käse (geraspelt, z.B. Emmentaler)
2 Scheiben Bacon (Frühstücksspeck)

Zubereitungszeit: 15 Minuten
Backzeit: 30 Minuten

Zubereitung

1 | Nudeln in reichlich Salzwasser nach Packungsanweisung bissfest kochen. Inzwischen den Backofen auf 180 °C (Umluft) vorheizen.

2 | Philadelphia mit Milch, gepresster Knoblauchzehe und der Brühe glatt rühren. Zwiebel würfeln, Petersilie fein hacken. Nudeln abgießen und mit Petersilie und Zwiebel mischen. Philadelphia-Sauce und die Hälfte des Käses unterheben.

3 | Nudeln in eine gefettete Auflaufform füllen. Auflauf mit restlichem Käse bestreuen, mit Bacon belegen und im Ofen ca. 30 Minuten backen, bis der Speck knusprig und der Käse leicht gebräunt ist.

Pro Portion: ca. 2146 kJ/513 kcal, E 25 g, F 19 g, KH 60 g

TIPP

Die Zwiebel wird weicher und auch bekömmlicher, wenn Sie sie vorher in etwas Butter oder Öl glasig dünsten.

HERZHAFT GEFÜLLTE OFENKARTOFFELN

Zutaten für 4 Stück
4 große Kartoffeln (am besten mehligkochend)
175 g PHILADELPHIA® Schinken
50 g Käse (geraspelt, z.B. Gratinkäse)

Zubereitungszeit: 40 Minuten
Backzeit: 5–10 Minuten

Zubereitung

1 | Kartoffeln mit Schale in gesalzenem Wasser gar kochen, anschließend kurz abkühlen lassen.

2 | Backofen auf Grill- bzw. Maximaltemperatur vorheizen. Kartoffeln halbieren, Kartoffelmasse mit einem Teelöffel herausschaben, dabei eine 0,5 bis 1 Zentimeter dicke Schicht für eine stabile Schale zurücklassen. Kartoffelmasse mit Philadelphia und geraspeltem Käse vermengen.

3 | Kartoffelhälften mit der Masse füllen und in einer Auflaufform oder auf dem Backblech im vorgeheizten Ofen 5 bis 10 Minuten backen.

Pro Stück: ca. 933 kJ/223 kcal, E 10 g, F 8 g, KH 26 g

TIPP
Die Kartoffeln lassen sich gut vorkochen, die finale Zubereitung geht dann blitzschnell.

GEFÜLLTE HÄHNCHENBRUSTFILETS

Zutaten für 4 Portionen
4 Hähnchenbrustfilets (à ca. 150 g)
175 g PHILADELPHIA® Kräuter Doppelrahmstufe
Zahnstocher
1 TL Paprikapulver
1 TL Öl
250 g Reis
300 g grüne Bohnen

Zubereitungszeit: 10 Minuten
Backzeit: 25 Minuten

Zubereitung

1 | Ofen auf 180 °C (Umluft) vorheizen. In die Hähnchenbrustfilets seitlich eine Tasche schneiden, mit Philadelphia füllen und mit Zahnstochern sorgfältig verschließen.

2 | Paprikapulver mit Öl anrühren und die Hähnchenbrustfilets damit bestreichen, anschließend ca. 25 Minuten im Backofen garen.

3 | Währenddessen den Reis nach Packungsanweisung zubereiten und die Bohnen in etwas leicht gesalzenem, kochendem Wasser garen. Hähnchenbrustfilets mit Bohnen und Reis servieren.

Pro Portion: ca. 2031 kJ/485 kcal, E 33 g, F 12 g, KH 53 g

TIPP
Lecker sind die gefüllten Hähnchenbrustfilets auch mit einem bunt gemischten Salat.

CREMIGE LASAGNE

Zutaten für 6 Portionen

300 g Rinderhackfleisch
1 TL Öl
etwas Salz und Pfeffer
1 EL Mehl
1 Dose Tomatenstücke (ca. 400 g)
1 Pck. passierte Tomaten (500 g)
2 Paprikaschoten (in Würfeln)
1 EL Zucker
525 g PHILADELPHIA® Kräuter Balance
200 ml Milch
12 Lasagneblätter (ohne Vorkochen, Garzeit 20 Minuten)

Zubereitungszeit: 10 Minuten
Backzeit: 20 Minuten

Zubereitung

1 | Ofen auf 200 °C (Umluft 175 °C) vorheizen. Hackfleisch in einer Pfanne in heißem Öl anbraten, salzen und pfeffern.

2 | Hackfleisch mit Mehl bestäuben. Tomatenstücke, passierte Tomaten und Paprikawürfel dazugeben, kurz aufkochen lassen, mit Salz, Pfeffer und Zucker abschmecken.

3 | Philadelphia mit Milch glatt rühren. Den Boden einer eingefetteten Form mit etwas Hackfleischsauce bestreichen. Abwechselnd Lasagneblätter und Hackfleischsauce schichten, die obersten Lasagneblätter mit der Philadelphia-Creme bedecken. Lasagne ca. 20 Minuten im Ofen backen. (Die Backzeit verlängert sich entsprechend, wenn Sie Lasagneblätter mit längerer Garzeit verwenden.)

Pro Portion: ca. 1830 kJ/437 kcal, E 25 g, F 19 g, KH 41 g

TIPP

Sie können alternativ auch kurze Nudeln wie Spirelli vorkochen, mit der Tomatensauce in die Auflaufform geben und mit cremigem Philadelphia krönen. So ist der Auflauf blitzschnell gemacht.

SCHINKENTEIGTASCHEN »CALZONE«

Zutaten für 16 Stück
1 Pck. Pizzateig
(gekühltes Fertigprodukt)
175 g PHILADELPHIA® Schinken

Zubereitungszeit: 15 Minuten
Backzeit: 15 Minuten

Zubereitung

1 | Backofen auf 200 °C (Umluft) vorheizen. Pizzateig ausrollen und mit einem Glas (Durchmesser ca. 8 Zentimeter) ca. 16 Kreise ausstechen. Teigreste verkneten und neu ausrollen.

2 | Auf jeden Kreis 1 gehäuften Teelöffel Philadelphia geben. Teig umklappen und am Rand mit einer Gabel fest zusammendrücken.

3 | Auf einem mit Backpapier belegten Backblech ca. 15 Minuten backen, bis die Oberfläche der Teigtaschen goldbraun ist.

Pro Stück: ca. 335 kJ/80 kcal, E 3 g, F 2 g, KH 12 g

TIPP

Ein Hefeteig ist auch schnell selbst gemacht. Beispielsweise so: 250 Gramm Mehl und 1/2 Packung Trockenhefe gut vermischen. Mit 1/2 Teelöffel Salz, 1/2 Teelöffel Zucker, 30 Gramm zimmerwarmer Butter und 150 Millilitern lauwarmer Milch mit den Knethaken des elektrischen Handrührgeräts zu einem glatten Teig verarbeiten. An einem warmen Ort zugedeckt 30 Minuten gehen lassen. Durchkneten und auf einer leicht bemehlten Arbeitsfläche wie beschrieben weiterverarbeiten.

SCHINKEN-PILZ-MUFFINS

Zutaten für 12 Stück

- 1 Zwiebel
- 150 g Champignons
- 350 g PHILADELPHIA® Schinken
- 2 Eier
- 1 TL Salz
- 125 ml Milch
- 50 g Butter (zimmerwarm)
- 250 g Mehl
- 3 TL Backpulver
- 50 g Käse (geraspelt, z.B. Emmentaler)

Zubereitungszeit: 20 Minuten
Backzeit: 35 Minuten

Zubereitung

1 | Zwiebel abziehen und fein würfeln. Pilze putzen und in kleine Stücke schneiden.

2 | Backofen auf 180 °C (Umluft) vorheizen. Die Hälfte des Philadelphias, Eier, Salz, Milch und Butter mit dem elektrischen Handrührgerät glatt rühren. Mehl und Backpulver gut vermischen und unterrühren. Zwiebelwürfel, Pilze und geraspelten Käse unterheben.

3 | Teig portionsweise in die gefetteten und gemehlten Mulden einer Muffinform füllen und ca. 35 Minuten im vorgeheizten Ofen backen. Muffins abkühlen lassen und mit dem übrigen Philadelphia bestreichen.

Pro Stück: ca. 502 kJ/120 kcal, E 6 g, F 9 g, KH 4 g

TIPP

Alternativ zur Muffinform stecken Sie je 2 Muffinpapierförmchen ineinander, setzen diese auf ein Backblech und füllen die Teigmasse ein.

LACHSFILET MIT PHILADELPHIA®-HAUBE

Zutaten für 4 Portionen

1 kg Kartoffeln (geschält)
750 g grüner Spargel
4 Lachsfilets (à ca. 125 g)
etwas Salz und Pfeffer
175 g PHILADELPHIA® Doppelrahmstufe

Zubereitungszeit: 15 Minuten
Backzeit: 20 Minuten

Zubereitung

1 | Kartoffeln in Salzwasser kochen. Ofen auf 200 °C (Umluft mit Oberhitze) vorheizen. Das untere Drittel des grünen Spargels schälen und eventuell holzige Enden abschneiden.

2 | Lachsfilets salzen und pfeffern, in eine Auflaufform legen und mit Philadelphia bestreichen, anschließend ca. 20 Minuten im Ofen backen. Währenddessen den Spargel in siedendem Wasser ca. 10 bis 15 Minuten garen.

3 | Lachsfilets mit Philadelphia-Haube zu den gekochten Kartoffeln und grünem Spargel servieren.

Pro Portion: ca. 1905 kJ/455 kcal, E 35 g, F 16 g, KH 41 g

TIPP

Sie können sowohl frischen als auch tiefgekühlten Lachs verwenden. Frischen Lachs von der Haut befreien und in ca. 125 Gramm große Filets schneiden. Tiefgekühlte Lachsfilets vor der Verwendung im Kühlschrank auftauen lassen. Geben Sie etwas Salz, 1 Prise Zucker und 1 Stückchen Butter in das Kochwasser des Spargels – so schmecken die grünen Stangen besonders lecker.

KARTOFFEL-LAUCH-AUFLAUF MIT SCHINKEN

Zutaten für 4 Portionen
1 1/4 kg Kartoffeln
1/2 Lauchstange (in Ringen)
1 EL Öl
1 EL Mehl
300 ml Gemüsebrühe
175 g PHILADELPHIA®
Doppelrahmstufe
160 g roher Schinken (in Scheiben)

Zubereitungszeit: 15 Minuten
Backzeit: 15 Minuten

Zubereitung

1 | Kartoffeln in leicht gesalzenem Wasser kochen und anschließend pellen. Lauch in einer Pfanne kurz in heißem Öl anbraten. Anschließend mit Mehl bestäuben und mit Gemüsebrühe ablöschen, kurz aufkochen lassen.

2 | Hitze reduzieren, Philadelphia dazugeben und unter Rühren langsam schmelzen lassen.

3 | Die gekochten Kartoffeln in Spalten schneiden und abwechselnd mit dem Schinken in eine Auflaufform schichten. Philadelphia-Lauch-Gemüse darübergeben und den Kartoffel-Lauch-Auflauf ca. 15 Minuten im Ofen backen.

Pro Portion: ca. 1625 kJ/388 kcal, E 17 g, F 16 g, KH 52 g

TIPP

Probieren Sie diesen Auflauf doch auch einmal mit Ihrem Lieblingsgemüse!

Register

Impressum

Hinweis

Die Ratschläge/Informationen in diesem Buch sind von Autoren und Verlag sorgfältig erwogen und geprüft. Dennoch kann eine Garantie nicht übernommen werden. Eine Haftung der Autoren bzw. des Verlags und seiner Beauftragten für Personen-, Sach- und Vermögensschäden ist ausgeschlossen.

Bildnachweis

Titelfoto und Fotos im Innenteil: Kai Schwabe mit Ausnahme von:
Kraft Foods: 2, 10, 12, 18, 25, 47, 141

Redaktionsleitung Susanne Kirstein

Projektleitung Verlag Maja Mayer

Projektleitung Kraft Foods
Birte Grimm, Emine Sever

Layout, DTP, Gesamtproducing
v*büro – Jan-Dirk Hansen, München

Redaktion
Text & Form – Nicola von Otto, München

Bildredaktion Sabine Kestler

Korrektorat Susanne Langer

Umschlaggestaltung
*zeichenpool, Milena Djuranovic, München

Litho Artilitho snc, Lavis (Trento)

Druck und Verarbeitung
Mohn media Mohndruck GmbH, Gütersloh

Printed in Germany

MIX
Papier aus verantwortungsvollen Quellen
FSC® C011124

Verlagsgruppe Random House
FSC-DEU-0100

Das für dieses Buch verwendete FSC®-zertifizierte Papier *Profisilk* wurde produziert von Sappi Alfeld.

ISBN 978-3-517-08814-3
817 2635 4453 6271